プロが教える

マーケティング リサーチと データ分析 の基本

良質な仮説が調査成功のカギ
アクションにつながる
実践的なリサーチのポイント

中野 崇
マクロミル
マーケティング＆プロダクト本部長

すばる舎

■ はじめに

　2013年7月、上海支社の立ち上げ・韓国支社の経営再建という3年間の海外赴任を終え、私は日本本社の中期事業戦略を立案するミッションを受けて帰国しました。

　日本のマーケティングやリサーチ市場の動向・顧客ニーズについてすっかり疎くなっていた私は、ビジネス環境把握のために、さまざまなデスクリサーチや社内ヒアリング、そして30社ほどの顧客インタビューを実施していた中で、以下のような印象的な言葉に出会いました。

　「データは日に日に増えているが、お客様の顔はどんどんわからなくなっている」

　「データの海に溺れてしまって、かえって意思決定が難しくなっている」

　某大手メーカーのマーケティング部長の言葉です。さらに言葉は続きます。

　「お陰様で業績は好調で、戦略商品の売れ行きも好調。だが売れている理由、『誰が、なぜ、どのような気持ちで買ってくれているのか？』はどんどんわからなくなっていて、マーケティング施策の手応えは小さい。データ分析に時間を取られてしまい、消費の現場に行けない、消費トレンドの最前線を知らないマーケターが増えた」

　この言葉には昨今のマーケターの悩みや、データとの向き合いかた・データ分析の課題が顕著に現れていると思います。

通信環境の改善、SNS・IoT・スマートデバイス・ウェアラブルデバイスなどの普及によって、私たちのあらゆる行動情報がデータ化し、可視化され、ビジネスやマーケティングシーンで積極的に活用されるようになりました。

　マーケターが向き合うデータ量は加速度的に増加しており、ビジネスやマーケティングを行う上でデータ・ドリブンであること（データに基づいて判断・アクションをする）が当たり前になってきました。

　一方で、データの扱いかたや向き合いかたに関するインプットや体系的なトレーニングを受ける機会は非常に少ないため、「データ分析が非効率」「解釈に時間がかかる」「そもそも意思決定につながる示唆を見出せない」という課題が多いのも現状です。

　結果として PC 画面ばかりを見つめ、消費の現場に行く時間や考える時間を失っているように思います。

　マーケティングの役割を広義に捉えれば「売れる仕組み作り」であり、研究開発、商品開発、生産・品質管理、広告宣伝、販売促進、営業などのプロセスすべてが連携し、効果が最大化するよう統合する活動、つまり経営そのものだと言えます。

　狭義に捉えれば「事業創造」「需要創造」となり、一般的にマーケティングという言葉が使われる際はこちらの意味が近いように思います。

　いずれの捉えかたをしても、**すべてのマーケティング活動の先には商品・サービスを購入する消費者がいて、消費者は日々、自分の生活を豊かにするためにさまざまなことを考え、行動し、その考えや行動の履歴がデータとして把握される**ようになっています。

　このように、マーケティング自体がデジタル化していく時代において、データリテラシー（情報や知識を活用する基礎能力）・データ分析のスキルは必要不可欠になりつつあります。

ビジネスメディアでは毎日のように、「データサイエンティストの価値」「DMP（Data Management Platform：ネット上に蓄積されているユーザーデータを統合的に管理するプラットフォーム）の導入」「AI活用の成功事例」などが紙面を飾っています。

ただ、こうした記事は、何十年もマーケティングやマーケティングリサーチの知見を積み重ねてきた先進企業がようやく手にした成功事例であったり、ツール提供企業側の広告・宣伝的なケースが多いものです。

実際にはビッグデータ活用どころか、社内の売上データや顧客データの分析もままならず、「マーケティングやマーケティングリサーチを体系的に始めることさえできていない」と嘆く方も多いのではないでしょうか。ビジネスにおけるデータ活用の度合いは二極化しているように思います。

本書では「これからマーケティングリサーチやデータ分析を始めたい」「始める必要があると思うが、何をどうやって始めたらよいかわからない」「デジタルマーケティングやデータ・ドリブン・マーケティングの始めかたがよくわからない」というビジネスパーソンやマーケターの方に向けて、データとの向き合いかたや、データ分析の基本、データを活用したビジネスの意思決定の第一歩を踏み出すキッカケを提供できればと思います。

私はリサーチ会社に勤めていますが、統計の専門家でもなければ、ビッグデータを解析する高度なスキルも持ち合わせていません。

大学の専攻は心理学系であり、自我・感情・心といった目に見えないものを概念的・観念的に捉えるのが好きで、数値化するアプローチは苦手な文系人間です。

それでも、営業・中国と韓国事業の立ち上げ・事業戦略部・マーケティング部・商品開発部などを歴任し、その責任を果たす中で多くのリサーチやデータ分析を実践してきました。現在ではリサーチ会社のマーケティングと商品開発の責任者を務めさせてもらっています。

そんな私の経験から強く思っているのが、「**リサーチやデータ分析はポイントを押さえれば誰でもできる**」ということです。

　世に出ているリサーチ関連書籍の多くは、統計やリサーチの専門家の立場から書かれているため、文系人間や業務でリサーチに馴染んでいない人には敷居が高いように思います。

　もちろん、それらをきちんと理解できることが望ましいのですが、日々忙しい中でリサーチの専門性を深めるために時間を割ける人は少ないでしょう。

　そこで本書では、文系出身のどちらかと言えば数字が苦手な方や、主たる業務がリサーチやデータ分析ではないものの最近リサーチやデータを使った報告やプレゼンの機会が増えてきた…というビジネスパーソン向けに、「とりあえずこれだけ押えておけば大丈夫」という、リサーチ・データ分析のポイントをシンプルにお伝えしたいと思います。

　リサーチ会社としての知見だけでなく、マーケティングや商品開発の実践者という立場から、学術的なお作法よりも実務的であること。抜け漏れない完璧な説明を追求するよりも、わかりやすさ・シンプルさを追求して書いています。

　本書を手に取った皆さまに「これなら自分でもできそうだな」「リサーチって面白いかもな」と感じていただければ心から嬉しく思います。

2018.3. 吉日

株式会社マクロミル　エグゼクティブマネジャー
マーケティング＆プロダクト本部長

中野　崇

目　次

はじめに………………………………………………………………003

第1章 なぜ今、ビジネスにおける データ活用が必要なのか

多様化する価値観とライフスタイルを捉える ………………………012

あらゆる活動がデータとして蓄積される時代………………………014

「データ・ドリブン＝ビッグデータ活用」ではない …………………017

第2章 リサーチ・データ分析の始めかた

シンプルなデータ活用のポイント ……………………………………020

イノベーションのためのリサーチの意義とは ………………………022

効果的で効率的なリサーチのポイント ………………………………024

STEP1 リサーチの順番を決める ……………………………………025

STEP2 目的設定が最重要 ……………………………………………027

STEP3 調査企画の設計 ………………………………………………029

　リサーチの範囲を考える ……………………………………………029

　代表的なフレームワークを活用して課題を整理する………………030

　マーケティングミックスの策定（4Pと4C）………………………034

STEP4 データ収集と調査手法の選択 ………………………………038

　あらゆるデータ収集はデスクリサーチから…………………………039

デスクリサーチの罠 …………………………………………………………039

デスクリサーチのポイント …………………………………………………044

第3章 よく活用される インターネットリサーチとインタビュー調査

インターネットリサーチとインタビュー調査 …………………………054

インターネットリサーチを企画する ……………………………………057

   1.調査背景 および 2.調査目的 ………………………………………061

   3.調査地域 …………………………………………………………………061

   4.調査対象者 ………………………………………………………………062

   5.回答者数（サンプルサイズ）と割付設定 ………………………065

   6.調査手法の選択 ………………………………………………………072

   7.調査項目 …………………………………………………………………072

   8.調査時期 …………………………………………………………………081

   9.調査費用 …………………………………………………………………082

インタビュー調査 …………………………………………………………084

   インタビューの4つのポイント …………………………………………087

インタビューの4つのポイント❶ インタビュー企画書の作成 ……088

インタビューの4つのポイント❷ インタビューの依頼 ……………096

インタビューの4つのポイント❸ インタビュースキル ……………097

インタビューの4つのポイント❹ フォローアップ …………………103

第4章 仮説思考の重要性

仮説構築 ··· 106
　仮説思考の重要性 ··· 106
　良質な仮説とは ··· 109
　インプットの量×質 ··· 110
　今、注目される観察調査 ·· 113
　アウトプットで仮説を深める ··· 115
　仮説が降りてくる瞬間 ·· 117
　仮説を調査項目に落とし込む ··· 118

第5章 データを分析し、アクションにつなげる

STEP5 　分析・解釈 ·· 122
　1.分析目的を明確にする ··· 122
　2.比較軸を考える ··· 125
　3.構造・構成を考える ·· 135
　4.関係性に着目する ··· 137
　5.分布を確認する ··· 145
STEP6 　アウトプット作成 ·· 155
　意思決定しやすいアウトプットにする ······································· 155
STEP7 　アクションにつなげる ·· 162
　意思決定者を巻き込む ·· 162

第6章 マーケティングリサーチの最前線

デジタルマーケティングとリサーチ……………………………………166

　デジタル化の必要性……………………………………………………166

消費者を「見る」手法　検索データの可能性

　ヤフー株式会社 リサーチアナリシス部・部長　天野 武………………171

生体情報を活用したデータ分析

　ペルフェッティ・ヴァン・メレ・ジャパン・サービス株式会社

　マーケティング　フリスクブランドマネジャー　野村俊介………………178

これからのインターネットリサーチの調査設計

　マクロミル総研 研究員　村上智章………………………………………184

おわりに…………………………………………………………………191

第1章

なぜ今、ビジネスにおける
データ活用が必要なのか

多様化する価値観と
ライフスタイルを捉える

　価値観やライフスタイルが多様化しているということは従来から言われ続けていますが、ここ数年は特に顕著になっているようです。

　その背景や理由として、一昔前の「経済優先・効率重視」から、東日本大震災などの大規模災害などをキッカケとした「環境・サステナビリティ（環境・社会・経済の観点から世の中を維持しようという考えかた）」に対する意識の高まり、物質的な豊かさより自分らしさの追求（ナンバーワンよりオンリーワン）、自己実現重視といった価値観が、よりいっそう社会的に受け入れられるようになったからだと考えられます。

　ソニー生命保険が2017年4月に公開した『中高生が思い描く将来についての意識調査2017』で、「男子中学生が将来なりたい職業」のベスト3は、1位：ITエンジニア・プログラマー、2位：ゲームクリエイター、3位：YouTuber（ユーチューバー）などの動画投稿者、という結果を見聞きした方もいらっしゃるかと思いますが、この調査結果も価値観の多様化や時代の変化を反映しています。

　ビジネスシーンにおいても、Diversity（ダイバーシティ：多様性）の重要性が注目されています。

　Diversityは、人種・国籍・性別・年齢を問わずに人材活用する「人材と働き方の多様化（多様性）」を意味しますが、女性活躍推進はもちろんのこと、積極的に外国籍従業員の雇用やシニアの再雇用に取り組む企業が増えており、政府も2012年から「ダイバーシティ経営企業100選」（経済産

業省）を実施しています。

　弊社でも 2015 年から Diversity 推進委員会を立ち上げ、「一人ひとりが互いの違いを尊重し、最大限に能力を発揮できる環境の創出」を掲げてさまざまな取り組みを推進しており、リモートワークやパラレルキャリアなど象徴的な事例が増えています。

　訪日外国人旅行者数の増加がもたらす影響も忘れてはいけません。

　日本政府観光局（JNTO）の調査によると、2013 年は年間 10,363,904 人だった外客数が 2016 年は年間 24,039,700 人と、2 倍以上になっています。

　海外の方は背丈や容姿はもちろんのこと、ファッションスタイルや自己主張の方法、挨拶やマナーなどさまざまな点が日本人とは違います（よし悪しではなく純粋な「違い」）。

　訪日外国人旅行者数の増加によって、多くの方が異文化や多様な価値観を身近に感じられるようになりました。

　筆者も上海・ソウル赴任時代に異文化と深く向き合っていましたが、その経験を経て「価値観にはいろんな形があってよいのだな」「固定観念に縛られる必要はないのだな」と強く思うようになりました。

　こうしたことが重なり、世の中に多様な価値観が存在できる土壌が育まれた結果、生活者に多様なニーズが生まれました。

　これはマーケターにとって非常に大きな変化です。価値観が多様化すると、価値観やライフスタイルといった人々の生活において根源的で、しかも普段は自分が実践していない部分を、マーケターは数多く理解しなければならないからです。

　YouTuber になりたい男子中学生の気持ちを、40 代のマーケターが本質的に理解する、ということの難しさは想像できると思います。もはや自身の経験則や成功パターンがほとんど通用しないのです。

第 1 章　なぜ今、ビジネスにおけるデータ活用が必要なのか　013

あらゆる活動がデータとして蓄積される時代

　加えて通信速度の大幅な改善、SNS・IoT・スマートデバイス・ウェアラブルデバイスなどの普及によって、私たちのあらゆる行動情報がデータ化し、可視化され、ビジネスやマーケティングシーンで活用できる状況になりました。購買チャネルはリアルの店舗のみならず、ECが当たり前となり、決済手段も電子マネーが利用されているため、あらゆる購買履歴もデータ化されつつあります。

　総務省統計局の調査によると、2005年〜2014年の9年間でデータ流通量は、約1.6エクサバイトから約14.5エクサバイトへと、約9.3倍にも増えています。ちなみに1エクサバイトは1兆メガバイトですから、もはや頭では想像することすらできないくらい、データ量が加速度的に増加しています。

　私の平均的な一日を振り返ってみても、あらゆる行動情報がデータ化されているという事実に気付きます。起床後にはスマホを立ち上げて天気やニュースをチェックし（アプリの起動ログ）、朝食を食べながらTV視聴（視聴ログ）、業務時間中はメールやチャットで関係者とやり取りをします（メールやチャットのログ）。ランチはコンビニでお弁当を購入（購買ログ）し、お弁当を食べながらネットサーフィン（Webログ）…というように、ほぼすべての生活行動がライフログとして取得可能です。スマホの位置情報機能がオンになっていれば、どこにいるかを把握することも可能です。これらのデータをつなげて分析してみると、「私がいつ・どこで何をしていたか、何を買ったか、何を見たか」などが理解できるように思います。

取得可能なライフログ

1日の流れ		活動に関連する 取得可能な情報
起床後にスマホを起動し 天気やニュースをチェック	▶	アプリの起動ログ
朝食を食べながら 朝のニュース番組視聴	▶	TV番組の視聴履歴
会議参加・顧客訪問・ メール返信・電話対応など	▶	位置情報・メール履歴・ 通話内容
ランチはコンビニで幕の内 お弁当とお茶を購入	▶	購買情報
スキマ時間にPCでWeb 閲覧	▶	閲覧ページの履歴・ 広告接触履歴
顧客との懇親会	▶	位置情報
帰宅時はタクシーで 妻に電話	▶	位置情報・通話内容
帰宅後は録画番組の視聴	▶	録画番組の視聴履歴
入浴後に就寝	▶	位置情報

取得可能なデータをライフログとしてつなげて確認すれば、
「いつ・どこで・何をしていたか、何を買ったか、何を見たか」など
がだいたいわかる

第1章　なぜ今、ビジネスにおけるデータ活用が必要なのか　　015

これらのデータを企業が毎日取得して分析していたら、私の価値観やライフスタイルまでもが、いずれはすっかり理解されてしまうかもしれません。

　もちろん人々の価値観やライフスタイルはそんなに単純ではないので、ログデータだけですべてを理解できませんし、ライフログを正確に把握するにはさまざまな障壁が存在します。ただ、従来よりも格段に生活行動がデータ化していることは間違いありません。

　私たちが望むと望まないに関わらず、多くの企業はこれら多くの**データを集め、分析し、商品開発やマーケティングへの活用**を始めています。いわゆるデータ・ドリブン・マーケティングです。

　ところで皆さんは、GAFA（ガーファ）という言葉をご存知でしょうか？

　GAFAとはGoole、Apple、Facebook、Amazonの頭文字を取った言葉で、ビジネスにおける影響力のすさまじさから四天王（Gang of Four）と呼ばれたりしています。

　ニューヨーク大学スターンビジネススクールのScott Galloway教授が2017年1月にDLD国際カンファレンスで行なったプレゼンによれば、GoogleとFacebookで世界モバイル広告収入の過半数を占めており、Amazonは去年、時価総額でウォルマートを抜いて小売企業として世界首位となった、GAFAはいずれも時価総額1兆ドルになり得る、など衝撃的なメッセージが発表されました。

　これら4つの企業に共通しているビジネスモデルはプラットフォームを提供していることです。これらプラットフォームの利用者は世界で数十億人になっており（FacebookのMAU：Monthly Active Usersだけで18億人超え）、世界中のデータがここに集まっていると言っても過言ではなく、データ・ドリブン・マーケティングの世界もGAFAが支配していく…と囁かれていたりします。

　私たちが日常的にこうしたサービスを利用する際は、お金を支払うだけでなく、彼らに多くの情報を提供しているということでもあります。

「データ・ドリブン＝ビッグデータ活用」ではない

　こうしたあらゆるライフログは、非常に膨大なデータ量、いわゆるビッグデータです。すべてを扱うためには専門スキルが必要で、データサイエンティストやリサーチャーという職種が注目され、さまざまなデータを組み合わせ、統合的に解釈してビジネスの意思決定につなげていくことが求められています。

　データ量の増大は、ビジネスシーンにおいて数字で判断する重要性を高めており、マーケティング領域のみならず、すべてのビジネスがデータ・ドリブンになることは避けられません。

　データ・ドリブンで会話や意思決定することは、客観的に同じ前提や認識・目線で議論できる、予測の精度が高まる、などさまざまなメリットがあり、ビジネスの意思決定の成功確率を高めることにつながっていきます。

　ただし注意すべきは、**「データ・ドリブンであること＝ビッグデータ活用」と短絡的に考えてはいけない、**ということです。

　データ・ドリブンであるということは、データを活用してビジネスの意思決定をするというアプローチの話であり、データの量が重要ということではありません。

　データ量が多くても、信頼性や妥当性に欠けるデータに価値はありませんし、たとえデータそのものに価値があったとしても、そのデータをもとにした分析やアウトプットがビジネスの意思決定やアクション、そして最終的にビジネスの成功につながらなければ、やはり価値はありません。

　データ分析には意思決定やアクションにつながる実用性と実効性が重

要です。つまり、ビジネスの意思決定やアクションにつながるデータ分析さえできれば、ビッグデータ活用は必ずしも必須ではありません。

　もちろん、ビッグデータの真贋（しんがん）を見極める力があり、自らそのデータを加工して、実用的で実効性があるアウトプットを作成できれば申し分ありません。

『データ分析の力　因果関係に迫る思考法』（光文社新書 2017年）という書籍の中で、伊藤公一朗氏がデータ分析を寿司職人の仕事に喩えています。美味しいお寿司を提供するには、よいネタを目利きし、そのネタの旨味を活かせる包丁さばきを学び、目の前のお客さんが「おいしい」と感じる味や料理を理解して提供する、ということが重要であり、データ分析の心得も同様であるということです。非常に秀逸な喩えだと思います。

　ただ、すべてのビジネスパーソンが、一流の寿司職人（データサイエンティストやリサーチャー）のレベルに達する必要はありません。

　むしろビッグデータは専門家や専門企業でさえ意味あるアウトプットにつなげることが難しいものなので、専門家でないビジネスパーソンが日々のビジネスの意志決定に活用するのは非現実的です。不必要と言ってもよいでしょう。

　そこで私は、「ビッグデータではなく、**身近にあるデータをシンプルに活用することから始めましょう**」と提案したいと思います。

　まずは日々のビジネスやマーケティング実務の中に、データ分析やデータ活用というエッセンスを取り入れる。そこからデータ活用の価値を体感し、データリテラシー（情報や知識を活用する基礎能力）を高めていくステップが非常に重要だと思います。その積み重ねの先に、ビッグデータ活用があると考えています。

　では「シンプルにデータを活用する」とは、具体的にどうすればよいのでしょうか？　次章から各ステップごとに説明していきたいと思います。

第 **2** 章

リサーチ・データ分析の
始めかた

シンプルなデータ活用のポイント

多くのビジネスパーソンにとって、リサーチやデータ分析はどのようなシーンで必要になるでしょうか。

例えば、あなたが営業担当なら「売上の不調要因を社内にある顧客データを分析して明らかにしてほしい」かもしれませんし、オンラインマーケティング担当なら「Web広告の売上に対する貢献度を可視化してほしい」でしょう。商品開発担当なら「ターゲット層のニーズを明らかにしてほしい」かもしれません。

既に何らかのリサーチやデータ分析の経験をお持ちの方もいらっしゃると思いますが、ポイントを押さえて実施できている実感はあるでしょうか？

「分析したつもりではあるが、本当にこれでよいのか、いつもモヤモヤしている…」と感じている方も多いのではないでしょうか。リサーチやデータ分析を成功させるには、大きく以下4つのスキルが必要です。

①情報収集力　②情報分析力　③情報解釈力　④情報活用力

①情報収集力とは、さまざまな情報ソースやリサーチ手法を知り、目的・必要に応じて使い分け、情報を収集する力。

②情報分析力は収集した情報を適切に加工・分析し、ビジネスの意志決定につながる情報へ変換する力。

③情報解釈力は収集、分析した情報を正しく、そして意味ある形で解釈する力。いわゆるメディアリテラシー（メディアを活用する基礎能力）もここに含まれるでしょう。

④**情報活用力**は分析・解釈した情報をビジネスの意思決定やアクション
につなげる力。

筆者はこれら4つの力を総合して「ビジネスドライブ（推進）に必要な
データリテラシー（データを活用する基礎能力）」と呼んでいます。

補足すると、「データ・情報＝数字」ではありません。数字はもちろん
データの中でも扱いやすく大きな説明力を持っていますが、テキスト・画
像・動画・音声なども立派なデータです。私達が普段読んでいるニュース
や聞いている音楽なども、数値化はできませんが、ビジネス上で活用し得
るデータと言えます。

本章では、ビジネスドライブに必要なデータリテラシーを理解するため
に、マーケティングリサーチの基本ステップを参考にして説明します。

マーケティングの定義は狭義では「販売しなくても売れる仕組み作り」
や「需要創造と事業創造」ですが、ドラッカーのマーケティングの定義を
広義に解釈すると「マーケティングは顧客起点で推進するビジネス活動全
体」です。

営業にとってのクライアント、人事にとっての従業員のようにすべての
業務には必ず顧客がいるので、「マーケティングは企業内のすべてのビジ
ネス推進、つまり経営そのものである」と解釈することもできます。

マーケティングリサーチとは、マーケティング課題を明確にし、課題解
決のアクションを決定するために必要な、あらゆる情報収集や分析という
意味で使われ、「**企業のマーケティング課題を解決するリサーチ**」と定義さ
れることが一般的です。

そう考えると、**マーケティングリサーチはビジネス課題を解決するための
あらゆる情報収集や分析**と置き換えて解釈しても成立します。

本書では、「マーケティングリサーチ＝リサーチ」と解釈し、どちらの
言葉も「ビジネス課題やマーケティング課題を対象とした、あらゆる情報
収集や分析」という意味合いとして使っていきます。

第2章　リサーチ・データ分析の始めかた　　021

イノベーションのための
リサーチの意義とは

　日々のビジネスでリサーチを活用することは、以下のような意義があります。

　＊勘や経験ではなく、客観的な情報や数値で判断できる
　＊他者の経験から学ぶことで、多面的な視点で物事を見ることができる
　＊思いがけない発見がある

　過去の成功体験がすぐに陳腐化する事業環境において、**リサーチで客観的な情報や数字を活用して課題を明確にし、ビジネスの意思決定につなげていくことで、ビジネスの成功確率を高めることができます。**

　過去にスティーブ・ジョブス氏やソニーの井深大氏が、「イノベーションにリサーチは不要である」という主旨の記事を読んだことがあります。記事だけで偉大な彼らの真意はわかりませんが、この発言を引用して「リサーチは不要だ」という論調を見かけると非常に残念に思います。

　このような論調の前提には「リサーチをすればイノベーションや新商品のアイデアが必ず見つかる」という誤解がある上に、「リサーチ＝アンケートやインタビュー」というような、極めて狭義な意味として理解されている気がします。

　リサーチとは「ビジネス課題を明確にし、課題解決のアクションを決定するために必要な、あらゆる情報収集や分析」です。

　あらゆる商品・サービスには、ターゲットとする市場や顧客、満たすべ

きニーズがあります。市場に関する情報を収集し、具体的なターゲットのニーズや声（意見・不満・アイデア）に耳を傾け、サービス改善や新しい価値・商品の創造のヒントにつなげていく、というアプローチは、イノベーションでも実践されているのではないでしょうか。

もちろん、リサーチをしたからといって、Google が提供している検索エンジンや Facebook というサービスアイデアがすぐに、そのままの形で出てくることはないでしょう。リサーチですべてがわかる、イノベーションや新商品のアイデアがすぐに見つかる、ということはありません。

しかし、リサーチをすれば「情報量が加速度的に増えている」という事実や、「情報をもっと手軽に手に入れられるようにしたい」「連絡を取り合いたい友達がいるけど手段がない」「手軽に日記やアルバムを作れたらいいのに」といった生活者のニーズを見つけ出すことができます。

こうした情報はイノベーションや新商品企画・マーケティングプランを考える際に、判断材料の1つとして非常に有効です。

リサーチの意義

リサーチを実施しないと	リサーチを実施すると
勘・経験・度胸で意思決定	データを活用して意思決定
①客観性に欠ける （特定の人の意見で決まりやすい） ②経験には限界がある （すべてを経験することはできない） ③市場の大きな変化を察知できない （未来は「自分の」過去の延長線上にはない）	①客観的な数値で議論できる （建設的な議論ができる） ②多面的な視点で議論できる （思い込みを排除できる） ③思いがけない発見がある （作り手側が気付かないニーズやアイデアが得られる）
成功率が低くなる	成功率が高くなる

リサーチはあくまで判断材料の1つですが、リサーチでわかる他者の経験や過去の事象・背景から学び、未来の意思決定につなげていけば、ビジネスの成功確率を高めることができます。

ビジネスキャリアを通してさまざまな経験やインプットを積み重ねてこられた偉大な方々が、あるテーマにおいて「これ以上のリサーチは不要」という領域に達することはあるかもしれません。

そうだとしても、これだけ事業環境の変化が早い現代においては、リサーチをせず、頭の中の時計を止めたままでいると、ビジネスを成功に導くのは難しいと思います。

効果的で効率的な
リサーチのポイント

ここからはリサーチの基本ステップを説明していきます。

最もシンプルに分けると、「データを集めて」「データを分析する」という2ステップになるのですが、このような区分は実務的ではないので、リサーチを7つのステップとして考えます。

リサーチ成功の7ステップ

STEP1 順番の決定（p.025 リサーチの順番を決める）

STEP2 目的の設定（p.027 目的設定が最重要）

STEP3 調査企画の設計（p.029 調査企画の設計）

STEP4	データ収集 （p.038　データ収集と調査手法の選択）
STEP5	分析・解釈 （p.122　分析・解釈）
STEP6	アウトプット作成 （p.155　アウトプット作成）
STEP7	アクション （p.162　アクションにつなげる）

　本書ではリサーチという言葉を、上記7STEPを包含したアクションとして捉えます。

　データ収集だけでも、分析・解釈だけでもなく、「データ収集の前段階から分析結果をアクションにつなげることまでを含めたプロセス」がリサーチです。

STEP1

リサーチの順番を決める

　リサーチの必要性が発生する際、最初からリサーチテーマが1つに絞り込まれていればよいのですが、「商品AとBの売上不調要因を調べてほしい」という要望や、「費用（原価・人件費・旅費交通費など）のそれぞれが高騰している要因を調べてほしい」というように、リサーチ対象が複数になることがあります。

　こうした場合、**リサーチを始める順番**に気を配らなければなりません。

　売上が不調である2つの商品AとBの直近1年間の売上が、商品A（売上200億：昨対95％）・商品Bが（売上50億：昨対70％）だった場合、皆さんはどちらからリサーチを開始しますか？　（→次ページ表）

リサーチの順番＝ビジネスインパクトの大きい順

■売上

	商品 A	商品 B
売上	200 億円	50 億円
売上昨対比	95%	70%
昨対売上減少額	▲ 10 億円	▲約 21.5 億円

↓
ビジネスインパクトの
大きいものから着手する
↑

■費用

原価	30 億円（昨対比：110%）
人件費	10 億円（昨対比：105%）
旅費交通費	1000 万円（昨対比：150%）

　私なら間違いなく商品Bです。商品Aは売上200億円で商品Bの4倍ですが、昨対割れしている金額は約10億。

　一方、商品Bは昨対70%とかなり苦戦しており、昨対割れしている金額は約21.5億ですから、ビジネスインパクトは商品Bの不調の方が圧倒的に大きくなります。

　また、増加する3つのコスト項目の金額が、仮に、原価（30億：昨対110%）・人件費（10億：昨対105%）・旅費交通費（1,000万円・昨対150%）であれば、原価のリサーチから着手します。

　リサーチは課題解決のインパクトが大きいものから着手する、ということが鉄則です。

　データ分析はついつい分析しやすいもの、先に指示があったものなどから着手してしまうのですが、リサーチ結果がもたらすビジネスインパクトが大きいテーマから着手して下さい。

STEP2

目的設定が最重要

リサーチするテーマが決まったら、次は目的設定です。

多くの方が「リサーチをしなさい」と言われると、「まずデータ収集やデータ分析をしなければ！」とすぐに動き出してしまうのですが、それも大きな間違いです。

まずは**リサーチの目的を明確にする**必要があります。

リサーチの定義は「ビジネス課題を明確にし、課題解決のアクションや意志決定のために必要な情報収集や分析」ですから、リサーチの目的は「どんなアクションや意思決定をするために、何を収集・分析するかを具体化したものです。

「●●がわかってよかった」という感想を得たものの、現状に変化をもたらさないリサーチは、知的好奇心を満たすという点では意味があったかもしれませんが、ビジネスにおいては不十分だったと言わざるを得ません。

例えば、あなたがWebマーケターで、「オンライン広告の売上貢献度を報告しなさい」という指示を受けたとします。

時間をかけて、すべての広告出稿先ごとの獲得CV数（コンバージョン数：目標達成数）や売上貢献金額を集計し、さらにSEO施策の成果やオウンドメディアの集客効果なども盛り込んでレポートを作成しても、リサーチ目的が曖昧な場合だった場合は、「ふーん、全体的に調子が悪いね。何とかならないの？」というレベルの会話で終わってしまうでしょう。

第2章　リサーチ・データ分析の始めかた　027

一方、

* リサーチ結果を受けて、出稿金額が大きいTVCM・リスティング広告・ディスプレイ広告・セミナーへの来期投資金額の配分を決める
* その会議は来月末で役員同席が確定しているから、その場で意思決定する
* そのための必要情報を揃えてほしい

というふうにリサーチ目的が明確になっていれば、Webマーケティング担当であるあなたは、リスティング広告とディスプレイ広告の運用成果にフォーカスした分析結果を来月末までに準備すればよいことになります。

リサーチ範囲が絞り込まれた分、リスティング広告とディスプレイ広告の成果や課題について、深いリサーチ・分析ができるはずです。

目的が明確になれば、「どんな情報を収集・分析すればよいかということ＝リサーチの範囲」も定まってきます。

上の例で言うと、オーダーである「そのための必要情報を揃えてほしい」の内容として

* 今期のリスティング広告とディスプレイ広告の獲得リード（見込み客）数
* そのうち受注につながったリードの件数と受注金額
* 昨対比較があるとさらによさそうだ

というような事柄を調べて報告すればよいと考えられます。

STEP3

調査企画の設計

リサーチの範囲を考える

　リサーチの目的が明確になったら、目的を達成するために必要なリサーチの要素を順番に考えていくのですが、これらの要素を考えて整理することを「調査企画を設計する」と言います。厳密に言えば、リサーチの順番や目的を考えることも調査企画の一部ですが、強調したいので本書では1つのSTEPとして切り出しています。

　さて、「リサーチの範囲を考える」ということを、もう少し具体的にお伝えしたいと思います。あなたが「**退職後のシニア夫婦をターゲットにした新しい健康商品を開発したい。来週のミーティングで参入可能性を検討したいから、市場やニーズを調べてほしい**」という指示を受けたとします。**例1**

　皆さんはこの指示で何をリサーチすべきか具体的にイメージできますか？　一見、「シニア夫婦向けの健康商品市場やニーズを調べる」というリサーチ範囲が明確になっているように思えますが、実はこのままでは、範囲が非常に曖昧です。

＊シニア夫婦向け健康商品やサービスの**市場規模**を把握したいのか？

＊同市場における主たるプレイヤーと**各企業の戦略**を把握したいのか？

＊**既存商品・サービスの詳細**（売上規模・価格・販売チャネル・プロモーション内容など）を把握したいのか？

第2章　リサーチ・データ分析の始めかた　029

＊シニア夫婦の健康に関するニーズを幅広く把握したいのか？

＊これらすべての情報を網羅的に集めたいのか？

　市場規模を把握する場合は入念なデスクリサーチが必要でしょうし、シニア夫婦のニーズ把握なら、ネットリサーチやインタビューを中心としたアンケート調査などが必要になります。これらすべての情報を網羅的に…となれば、場合によっては数ヶ月単位のリサーチが必要になるかもしれません。既に自社で健康商品を販売している場合なら、「自社商品の売り上げ分析、特に不振商品の理由を明らかにすること」が必要かもしれません。

　売上不振は複数の要因が複雑に絡み合っていることがほとんどです。

　顧客の予算縮小、商品品質、広告クリエイティブ、競合商品の台頭、店頭での陳列、企業のブランドイメージ…など多岐にわたります。これらすべての要因をリサーチすることも現実的ではありません。

　このように「シニア夫婦向けの健康商品市場やニーズを調べる」と言ってもリサーチの範囲はとても広いのです。したがって、範囲を明確にするために、3C分析・SWOT分析・STP分析・マーケティングミックス（4Pと4C）などのフレームワークを活用することをお薦めします。

代表的なフレームワークを活用して課題を整理する

　簡単に3C分析・SWOT分析・STP分析・マーケティングミックス（4Pと4C）の策定についてふれておきたいと思います。

3C分析：事業環境分析を、ターゲット市場における主たるステークホルダーの視点から整理する分析手法のこと。3Cの「C」は、Customer（顧客）、Competitor（競合）、Company（自社）の3つを指し、それぞれの立場

に立って、市場の機会と脅威を洗い出すアプローチ。

SWOT分析：経営戦略や事業戦略を検討する際に、内部要因と外部要因の視点から事業環境分析を行う手法。強み (Strengths)、弱み (Weaknesses)、機会 (Opportunities)、脅威 (Threats) の4つで分析するため、SWOT分析（スウォット分析）と呼ばれる。内部要因は自社でコントロールできる要因であり、これらを強みと弱みとする。外部要因は、政治動向、規制、経済・景気、社会動向、技術動向、業界や顧客ニーズなど自社でコントロールできない要因を指し、機会と脅威に分けて整理する。SWOT分析の結果、強みと機会を掛け合わせた戦略・戦術を採用するとよいとされる。

　リサーチ範囲や課題の整理に有効なフレームワークとしてお薦めしているのは圧倒的に3C分析です。マーケティング課題に限らず、ビジネス課題全般を整理する際に3C分析が最もシンプルで使い勝手がよいフレームワークです。この3C分析を行う際、「自社／市場・顧客／競合を、どの順番で分析すればよいのか？」と多くの方が迷われると思います。筆者は①自社（Company）→②市場・顧客（Customer）→③競合（Competitor）→④自社（Company）という順番を採用しています。（→p.037）

　まずは自社の経営資源（人・物・金・情報・技術など）を分析し、その時点の主観で構わないので、各資源が強みなのか弱みなのかを整理します。最初に自社の整理を行っておかないと、ターゲットとする市場や競合を定義できず、分析視点が散漫になってしまいます。

　自社を知ることで初めて、自社が戦場とする市場・顧客を定義することができます。市場と顧客が決まれば、自ずと競合は見出されていきます。

　こうした一連の分析を行った後に、改めて最初に整理した自社の強み弱みを再評価します。このサイクルを回すと多くの場合、自社の強み弱みの評価に変化があります。この「変化」が非常に重要で、分析の視点が

3C分析とSWOT分析の関係

SWOT分析をする際に（特に外部要因）、市場・顧客・競合の視点を持って状況を整理すると、事業環境分析の抜け漏れを防げます

フォーマットイメージ

内部要因	外部要因
S	O 市場・顧客 競合
W	T 市場・顧客 競合

独りよがりだったことに気付きます。強み弱みやモノの価値は、すべて相対評価で決まるため、自社の価値は、顧客や競合が誰なのかによって変わることを念頭において分析を進める必要があります。

このように、3C分析にSWOT分析の視点を盛り込むと、より抜け漏れのないパワフルな分析が可能となります。次にSTP分析を見ていきます。

STP分析：エスティーピー分析はフィリップ・コトラーが提唱した概念。S＝「市場の細分化（Segmentation・セグメンテーション）」、T＝「ターゲットの抽出（Targeting・ターゲティング）」、P＝「競合との差別化（Positioning・ポジショニング）」を表した言葉で、事業戦略やマーケティング戦略を策定する際に活用されるフレームワークのこと。

STP分析のイメージ

S セグメンテーション Segmentation	T ターゲティング Targeting	P ポジショニング Positioning
市場を細分化し	ターゲットを設定して	差別化を実現する
セグメントの視点 ①属性情報 ②行動・態度履歴情報 ③心理的情報	30代 世帯年収800万円以上 会社員 をターゲットに設定	自社の競争優位が 発揮されるポジションを 明確にする

コトラーによれば、市場における自社の競争優位を獲得するために、市場を「細分化」して、ターゲット層を「抽出」し、ターゲット層に対して「競合との差別化」を明確にすることが重要になります。

第2章 リサーチ・データ分析の始めかた　033

現代は価値観が多様化し、個別化しているため、従来のようにマスマーケティング一辺倒ではマーケティングの成果が得られなくなっています。

　どのように市場を細分化し（Segmentation）、その中で誰を想定顧客と設定し（Targeting）、ターゲット層に対して競合とどのように差別化を図るか（Positioning）、というSTP分析をもとにしたターゲットマーケティングはより重要になっています。

　このターゲットマーケティングを究極に突き詰めたものがOne to Oneマーケティングであり、デジタルマーケティングテクノロジーの進化により、多くの企業がOne to Oneマーケティングを実践できるようになっています。

マーケティングミックスの策定 （4Pと4C）

　マーケティング施策を検討する際、4Pや4Cの視点で考えていくことをマーケティングミックスの策定と言います。

4P：4Pとは企業側の視点に立ったマーケティング施策の構成要素の考えかた。4Pの「P」は、Product（製品戦略）、Price（価格戦略）、Place（流通・チャネル戦略）、Promotion（販促・コミュニケーション戦略）の4つを指します。

　これに「Person（人材）」を加えて、「5P」とする考えかたもあります。

4C：4Cとは消費者の視点に立ったマーケティングの構成要素の考えかたで、4Pを補完する概念として提唱されたもの。

　4Cの「C」は、Customer Value（顧客価値）、Cost（コスト）、Convenience（利便性）、Communication（コミュニケーション）、の4つを指します。

4Pと4C

　4Pと4Cはどちらも考えるべき内容は同じですが、4Cは企業側の視点ではなく、お客様側の視点に立ってマーケティング・ミックスを考えるというアプローチです。

　4P、4Cどちらかの視点ではなく、企業とお客様の双方の視点を上手にバランスさせることが重要です。

　これらフレームワークを一般的なマーケティングプロセスの流れに位置付けると次ページの図のようになります。

　この位置付けを理解した上で、「最終的にどのような意思決定やアクションをしたいのか？」「そのために必要な情報は何か？」という観点でリサーチ範囲を絞り込んでいきます。

マーケティング・プロセス・マネジメント

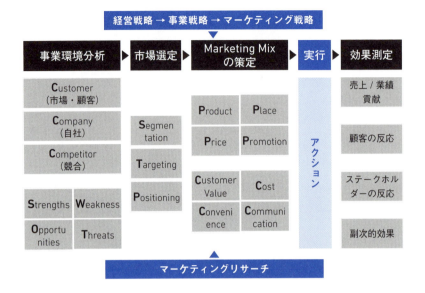

　先ほどの「シニア夫婦向けの健康商品市場やニーズを調べる」（→p.029・例1）というリサーチテーマであれば、次のようなリサーチ範囲が考えられます。

* 3C分析を活用して、自社・競合・顧客の動向をまとめる
* 自社分析はSWOT分析を活用してStrengthsとWeaknessを洗い出す
* 顧客について、インターネットリサーチを活用して健康に関する意識や課題を把握（予算は30万円以内）
* もしわかれば健康商品市場の市場規模を算出
* 競合の広告・販促や、流通対策に関する情報は全般的に不要
* 競合動向は主力商品一覧と、IR情報などから業績動向を無料で収集
* 前記分析を統合的に解釈して健康商品市場で勝算のあるターゲットとポジショニングを3つ提案

3C分析のリサーチ視点

❶ 自社 (Company)	・売上 / 利益 / シェアは？ ・戦略や事業 / 商品のポートフォリオ（組み合わせ）は？ ・自社の強みと弱みは？ ・自社商品の満足度やブランドイメージは？
❷ 市場・顧客 (Customer)	・世の中のトピックやトレンドは？ ・業界 / 市場の規模や成長性は？ ・業界 / 市場の構造は？ ・顧客は誰でどれくらいいるのか？ ・顧客ニーズや購買プロセスは？
❸ 競合 (Competitor)	・競合の売上 / 利益 / シェアは？ ・競合の戦略 / 商品のポートフォリオは？ ・競合の強みと弱みは？ ・競合商品の満足度やブランドイメージは？

　上司から「リサーチしてほしい」と指示を受ける際は、たいていリサーチ範囲が曖昧な状態であり、上司も具体的にイメージを持っていません。私も部下に対して、「曖昧な指示をしてしまった…」と反省することがよくあります。したがって、上司からの指示を期待せず、自ら必要な範囲（幅と深さを）を明確にしていく姿勢が重要です。

STEP4 # データ収集と
調査手法の選択

リサーチ目的と範囲が確定したら調査手法を具体的に考えていきます。

代表的な調査方法

デスクリサーチ：Web・新聞・出版物の掲載情報や、さまざまな調査会社・政府機関が既に取得、公表している統計データを収集する手法

インターネットリサーチ：インターネットとリサーチシステムを使って、アンケートの依頼・回収を実施する手法

ログデータ分析：POS などの購買履歴、サービス利用履歴、Web ログなど、蓄積された行動履歴を分析する手法

紙調査：アンケート用紙を配布・郵送して回答・返送してもらう手法

FGI(Focus Group Interview)：1 グループ 5〜6 人程度で対象者をグルーピングし、モデレーター（司会者）のリードで座談会形式で意見を収集する手法

訪問調査：対象者の自宅に訪問して実態把握する手法

DI(Depth Interview)：対象者と 1 対 1 で、インタビュー形式でヒアリングを行う手法

会場調査・HUT（Home-Use-Test）：調査会場へ来場、試供品を自宅で受け取る、などにより、実際に見る・さわる・食べるなどのアクションと一緒に意見を集める手法

観察調査：対象者の行動・動作や施設の実態などを観察・記録する手法

電話調査：電話を使った調査。コンピュータを使って無作為に数字を組み合わせた番号を作り、電話調査する手法を RDD（ random digit dialing）という

図のように代表的なリサーチ手法は数多くあり、それぞれの手法の特徴を理解し、使い分けていくことが重要です。

本書ではビジネスパーソンの教養として必要、かつ使い勝手がよい「デスクリサーチ」「インターネットリサーチ」「インタビュー」の3つにフォーカスして紹介します。

あらゆるデータ収集はデスクリサーチから

リサーチの順番・目的・範囲が明確になれば、いよいよデータ収集を始めます。

現代のビジネスシーンにおいて、リサーチテーマが何であれ、ほぼすべての人が、まずはGoogleやYahoo!などの検索エンジンを活用して広く浅く情報収集すると思います。実はこの検索エンジンを使った情報収集は、「デスクリサーチ」という伝統的な調査手法なのです。

デスクリサーチはWeb・新聞・雑誌などの掲載情報や、さまざまな調査会社・政府機関が既に取得、公表しているデータを収集する手法で、文献調査と呼ばれることもあります。

インターネット普及以前は、現在のように誰もが多くの情報に無料でアクセスできる環境ではなかったため、特定のテーマや分野について広く、体系的に情報を集めたい場合は調査会社へ依頼することが一般的でしたが、現在、デスクリサーチは調査会社や特定の人々の技術ではなく、生活やビジネスにおいてごくごく当たり前の活動になったのです。

デスクリサーチの罠

しかしここで問題が起きました。

デスクリサーチが一般化したため、リサーチの基礎知識がなくても情報

第2章　リサーチ・データ分析の始めかた　039

が手に入ってしまい、**情報収集時に必要な「情報信頼度の見極め」という**
プロセスが欠落してしまったのです。

　調査会社のように、専門知識と技術を持ったスタッフが実施するデスク
リサーチは、さまざまな観点から情報の信頼性や妥当性をチェックし、価
値ある情報のみを提供していたわけですが、今や誰もが情報発信・情報収
集ができる時代なので、誰もチェックしていない玉石混交の情報が世の中
に膨大に生まれてしまいました。

　個人が日々の出来事や感想をSNSやブログで発信することに問題はあ
りませんし、そのような情報の信頼性を問う必要性は全くありません。

　問題なのは、ビジネスにおける情報収集の際に、信頼性をチェックしない
まま、あらゆる情報を鵜呑みにしてしまうことです。特に世の中には数字や
グラフを使ったコンテンツが数多く存在していますが、それらを解釈する
際は特に注意が必要です。

　英語の「Figures don't lie, but liars figure.」という言葉をご存知でしょう
か？　『定量分析の教科書』（東洋経済新報社 2016年）という著書の中で鈴木
健一氏も引用されていましたが、**「数字は嘘をつかなくても、嘘つきは数字**
を使う」という言葉があります。

　「嘘つきは数字を使う」というのはかなり刺激的な言葉ですが、そこまで
故意的な活用かどうかはさておき、誤解を招くような数字の使われかたは
日常の至るところで見かけます。身近な例で考えてみましょう。

　「最近の若者はゆとり教育で育ったから、我慢が足りず、すぐ辞めてし
まう。その証拠に新卒の約3割が3年以内に辞めるという結果もある」と
いう主旨の会話は、皆さんも一度は耳にしたことがあると思います。本当
にそうでしょうか。

　実は厚生労働省が公表している「新規学卒者の離職状況」から、離職

率のデータは比較的簡単に確認できます。

　データを確認すると、新規学卒者が3年以内に離職する率はここ20年くらい変わらず約3割で推移しており、平成12年〜18年頃と比べるとむしろやや減少している傾向が伺えます。

「最近の若者がすぐに辞めてしまう」ということではないかもしれません。

　別の例を見ましょう。多くの方が興味・関心の高い「平均年収」というキーワードをGoogleで検索してみます。

　さまざまな情報が上位表示されますが、「検索上位＝正しい情報」ではありません。

　最近ではあらゆる企業サイト・個人サイトが、SEM・SEO対策を実施するようになっているため、「検索上位＝SEM・SEO対策に力を入れているサイトの情報」という構造になっています。

　それぞれのサイトが伝えたいメッセージを補強する情報や数字を引用しますから、何が正しい情報か非常にわかりにくくなっています。

　Googleなど検索エンジンの提供企業は定期的に結果表示のアルゴリズムやサイト審査の基準などを見直し、公共的に有意義と思われる情報が上位表示されるよう品質向上の努力をされていますが完璧ではありません。

　話を平均年収に戻すと、検索上位に表示されたある大手人材紹介企業内のサイトに、次のような数字・コメントが掲載されていました。

＊SEM：Search Engine Marketingは、検索エンジンマーケティングの略語で、検索エンジンを利用して展開されるマーケティング手法。
SEO：Search Engine Optimizationは、検索エンジン最適化のことで、Webサイトが検索結果でより露出されるために行う最適化施策のこと。

2015年9月〜2016年8月の1年間に、DODAエージェントサービスに登録した約27万人のデータをもとに、正社員として就業している20〜59歳までのビジネスパーソンの平均年収を、年齢や年代、男女別にまとめました。

平均年収

年代	平均年収		
	全体	男性	女性
20代	354万円	374万円	324万円
30代	467万円	501万円	390万円
40代	564万円	616万円	425万円
50代	701万円	744万円	461万円

出典：転職サイトDODA「平均年収ランキング2016」
https://doda.jp/guide/heikin/2016/age/

　サイト内の文章では、「年齢別の平均年収は昨年よりも上がっており、転職による給与アップを実現した人や企業の利益還元が進んだ…」という主旨が記載されていましたが、ここに記載されている平均年収は世の中をどの程度反映しているのでしょうか。

　実は平均年収については、国税庁も「民間給与実態統計調査」という調査結果を毎年公開しています。このデータの20〜59歳までの年齢別の平均給与を見てみると、次のようになります。

　いずれも、前述の大手人材紹介企業サイト内の数字より低い水準となっています。

国税庁民間給与実体調査（平成28年分・左）／転職サイトDODA（平均年収ランキング2016・右）

20〜24歳	253万円		20代	354万円
25〜29歳	352万円			
30〜34歳	397万円		30代	467万円
35〜39歳	432万円			
40〜44歳	461万円		40代	564万円
45〜49歳	486万円			
50〜54歳	509万円		50代	701万円
55〜59歳	491万円			

⇔ 年代が上がるにつれて差が大きくなる

　どちらの数字が正しいのかをここで議論するつもりはありませんが、「同じ平均年収を表している数字に違いがある」ということを認識しなければなりません。この差が生じる大きな要因として「調査対象者の違い」が挙げられます。国税庁が実施した「民間給与実態統計調査」の対象者は以下です。実際の調査結果報告書から抜粋しています。（平成28年分「民間給与実態統計調査」結果報告書p.1より抜粋）

平成28年分「民間給与実体統計調査」の調査対象者

	源泉徴収義務者	
	民間の事業所	**官公庁など**
給与所得者	従業員（非正規を含む）、役員	国家公務員、地方公務員、公庫職員など（非正規を含む）
	全従業員について源泉所得税の納税がない事業所の従業員	
	労働した日または給与の金額が算定され、かつ、労働した日にその都度給与の支給を受ける者	

https://www.nta.go.jp/kohyo/tokei/kokuzeicho/minkan2015/pdf/000.pdf
この調査は、平成27年12月31日現在の源泉徴収義務者（民間の事業所に限る）に勤務している給与所得者（所得税の納税の有無を問わない）を対象としている（青網掛け部分）。

前述のサイト内の調査対象者は「2015年9月〜2016年8月末までの間に、DODAエージェントサービスにご登録いただいたホワイトカラー系職種の男女（正社員）」とありますから、非正規雇用やホワイトカラー以外の職種を含むかどうか、転職斡旋サービスへの登録の有無（転職意向の有無）など、年収に影響があると想定される条件の違いが存在しています。

マーケティングシーンで考えてみると、例えば仮に年収が100万円違えば、可処分所得（家計が自由に使うことができる所得）も当然違いますから、ターゲティングや単価設定、コミュニケーションプランなどに影響が出てくるでしょう。

実際にはこのレベルのデスクリサーチ結果のみでターゲット層の可処分所得を決定することは稀だと思いますが、自社のターゲットにより近い対象者の結果はどちらなのか、を見極めて情報を使い分ける必要があります。

2017年12月時点で、筆者のChromeから「平均年収」とGoogle検索しても「民間給与実態統計調査」は上位表示されませんから、**「検索で手軽に得られた数字のみで側面的に判断するのは危ない」**ということは忘れないで下さい。

デスクリサーチのポイント

このような罠に陥らないために、押さえておくべき3つのポイントをお伝えします。

①デスクリサーチの目的を明確にする
②数値やグラフが引用されていたら5W1Hをチェックする
③信頼できる情報ソースを押さえておく

①については、「リサーチは必ず事前に目的を明確にすることが重要」とお伝えしていますが、デスクリサーチでも同様です。

②の「数値が引用されていたら5W1Hをチェックする」について見ていきましょう。

数字やグラフチェックの5W1H

デスクリサーチにはさまざまな罠がある一方、利便性・速報性の観点からWebを使った情報収集が、実務上メインであり続けることは変わらないと思います。

情報収集の過程で、特に数字やグラフが引用されていたら、まずは5W1Hをチェックするよう心がけて下さい。

What **収集されている内容**	リサーチ目的に合致する内容が収集・編集されているかを確認する。 当たり前のことですが、そもそも内容がズレていたら話になりません。
Whom **誰を対象にして** **収集したデータか**	数値やグラフが引用されていた場合、誰を対象者とした結果なのかを確認する。 例えば記事や文章の中で20代女性のことを記述していたとしても、引用されている数値は女性全体や女性20〜39歳など、対象者が違っている場合があります。
Who **誰が収集・編集した** **データか**	データ収集のスタンスを確認するために、データの収集・編集者を確認する。 誤解を恐れずに言えば、すべての情報は、何らかのポジショントークとセットで発信されています。情報発信者の業界・職業と利害が一致するデータのみが採用され、ポジティブな部分のみが語られている可能性があります。「語られていないことが何か」に着目することをお薦めします。
Why **情報発信や** **データ収集の目的**	情報やデータが何のために発信・収集されているのか確認します。情報発信の目的が第三者としての実態把握や事実の伝達である場合、「客観的な情報」ということが重要になるので信頼できる確率が高くなります。 一方、広告宣伝目的・営業目的の文脈であれば、そのような意図を加味して情報を解釈する必要があります。

When データが収集された 時期・期間	いつ収集・編集されたデータなのかを確認します。 Web 上の記事はよくも悪くも、新しい情報と古い情報が混在しています。 特に市場規模・トレンド・生活者意識など、年月の経過とともに大きく変わり得る情報を探している場合、情報の鮮度（いつ収集されたものか）は非常に重要です。	
How データが収集された 方法	参照するデータがどのような手段で収集されたのか、収集方法が信頼できるか、信頼できる範囲はどの程度かを確認します。 データ収集の方法によって、結果の出方が大きく変わることがあります。	

平均年収に関する情報ソースの比較表

	平成 28 年 民間給与実態調査	企業サイト
What	平均給与	平均年収
Whom	源泉徴収義務がある民間事業所に勤務している、従業員（非正規含む）・役員	2015 年 9 月~2016 年 8 月末までの間に、DODA エージェントサービスに登録したホワイトカラー系職種の男女（正社員のみ）
Who	国税庁	転職斡旋企業
Why	民間給与実態を明らかにし、租税収入の見積、租税負担の検討および税務行政運営などの基本資料とする	Web 上では不明
When	Web 上では正確には不明	Web 上では不明
How	2 段階標本抽出（標本事業所と標本給与所得者）をし、紙の調査票	Web 上では不明

前述の平均年収の例を5W1Hの観点で表にまとめてみると、自分が活用すべき情報がどちらなのかが判断しやすくなります。

　多くの場合、この5W1Hに該当する情報は「調査概要」として資料の冒頭や末尾、あるいは、サイト下部などに記載がありますので確認して下さい。

　概要詳細が記載されていない場合は、掲載元に問い合わせるとよいでしょう。その概要次第では、目的を全く満たしていないデータだった…ということが明らかになるかもしれません。

信頼できる情報ソースを押さえておく

　ここで「そうは言っても、日々のデスクリサーチで5W1Hをすべて厳密にチェックする余裕はないよ…」という読者の皆さまからの声が聞こえてきます。そのとおりだと思います。

　すべてを厳密にチェックできれば理想ですが、実務上では前述の5W1Hの視点でざっとチェックして、**重大な罠がないかを確認するだけでも十分効果的**です。

　情報氾濫の現代においては、**信頼できる情報がどこにあるのか？　を予め知っておくことも合わせて重要**です。

　誰もが情報発信できる時代になったからこそ、その反作用として発信する情報の信頼度や精度にこだわり、手間暇をかけて作られている情報の価値が高まってきています。

　ここでは主にマーケティングや商品開発の実務で役立つと筆者が考える情報ソースをいくつか紹介しておきます。

第2章　リサーチ・データ分析の始めかた　　047

1) 無料で利用できる情報ソース

次に紹介するサイトはいずれも無料で利用可能であり、マーケティングに役立つマクロな統計情報から生活者を対象としたトレンド調査結果など、幅広い情報を収集することが可能です。（URLは執筆時）

①政府が公表している統計情報	- 総務省統計局の公表データ　http://www.stat.go.jp/ - 総務省統計ダッシュボード「e-STAT」 　http://data.e-stat.go.jp/dashboard/ - 情報通信白書（総務省） 　http://www.soumu.go.jp/johotsusintokei/ 　whitepaper/ -EDINET（金融庁）http://disclosure.edinet-fsa.go.jp/ - 消費動向調査（内閣府） 　http://www.esri.cao.go.jp/jp/stat/shouhi/menu_ 　shouhi.html - 世論調査（内閣府） 　https://survey.gov-online.go.jp/index.html - 政府が公表している統計調査一覧 　http://www.e-stat.go.jp/estat/html/tokei_itiran.pdf - 海外のビジネス情報全般（JETRO） 　https://www.jetro.go.jp/
②民間企業が公表しているマーケティング関連情報	- 日本の広告費（電通）：日本国内で1年間（1〜12月）に使われた広告費（広告媒体料と広告制作費）の統計。1947年から毎年発表されている。 　http://www.dentsu.co.jp/knowledge/ad_cost/ - 生活定点（博報堂生活総研）：博報堂生活総合研究所による定点調査。24年分の生活者観測データ約1,500項目が公開されている。 　http://seikatsusoken.jp/teiten/ -HoNote（マクロミル）：生活者の「ホント」と「ホンネ」がわかる調査結果サイト。調査会社の自主企画調査が毎週更新されている。 　https://www.macromill.com/honote/

2) 有料の情報ソース（一部、無料もあり）

①企業情報・財務情報	**-SPEEDA（ユーザベース）**：世界500万社のデータが約550業界に分類・分析されたデータベース。 https://jp.ub-speeda.com/ **-COSMOSNET（帝国データバンク）**：企業信用調査で集めた精緻な情報がデータベース化されている。 https://www.tdb.co.jp/index.html **- TSR REPORT（東京商況リサーチ）**： http://www.tsr-net.co.jp/service/product/national/
②業界情報・ 　マーケティング 　関連情報	**- マーケットレポート（矢野経済研究所）**：特定ビジネス分野の市場規模、企業シェア、将来予測、メジャープレイヤの動向など、マクロやミクロの視点から総合的に調査・分析した調査レポート。年間2,000セグメントに及ぶマーケット・データを提供。 http://www.yano.co.jp/market_reports/index.php **- オリコン日本満足度調査（オリコン）**：日本で流通しているサービスや商品に対して、社会全体の暮らしの満足度向上を目的に、オリコンが独自に行っている満足度調査。 https://cs.oricon.co.jp/ **- 日経企業イメージ調査（日本経済新聞社）**：日経が40年以上にわたり、企業イメージを大規模に測定している調査。 https://www.nikkei-koken.gr.jp/publication/publish.php?recno=714

　筆者が中期事業戦略や新規事業を立案する際の事業環境分析において、SPEEDAや矢野経済研究所の情報を多用し、大変助けられました。一度どんな情報が得られるのかを、ぜひ確認してみて下さい。

　これら情報ソース以外にも、調査会社や総研・シンクタンク系の企業はさまざまな有料レポートや調査結果を保有しているので、気になるテーマがあれば一度問い合わせてみて下さい。

第2章　リサーチ・データ分析の始めかた　　049

口コミの活用方法

　デスクリサーチにおいて、自社や競合の製品やサービスに関するユーザーレビュー（いわゆる口コミ）を探すこともよくあると思います。

　ビジネスに限定しなければ、ほとんどすべての人が意思決定の際、Amazon・食べログ・App Store などに投稿されている口コミを参考にするでしょう。

　説明するまでもなく、口コミは企業や店舗の広告・宣伝色が薄く、ユーザー目線で書かれているので共感しやすいのが特徴です。

　ビジネスにしろ日々の生活にしろ、口コミを意思決定に活用するシーンは今後も増えていくと思います。

　そこでデスクリサーチの最後のポイントとして、口コミを有効に活用する方法をお伝えしたいと思います。

口コミに一喜一憂しないために

　ビジネスにおける口コミ分析の目的は、自社の新商品やキャンペーンなどの反応が、大まかに言ってポジティブなのかネガティブなのかを確認することが多いように思います。

　そのようなとき、SNSで発見した口コミの内容に一喜一憂してはいけません。口コミの多くは自社商品のターゲットと異なる人々が投稿をしている可能性がありますから、まずはターゲットに近い属性（性別・年齢・職業など）の投稿者かを確認することが重要です。

　口コミは匿名やニックネームで投稿されることが多いものですが、Instagram や Twitter などの SNS 上の投稿であれば、ある程度のプロフィール情報は閲覧できます。

　よくある平均3.5点・4.2点のような数値も真に受けていけません。誰が投稿したか不明確な平均値にあまり意味はありません。

　口コミで注目すべきは｜誰が、どのような内容を、どのように書いてい

るのか」に着目するということです。「**誰が**」にあたる**属性情報は不明な**ことが多いので、多くの場合は「**どのような内容を、どのように書いているのか**」という口コミの書きぶりに注目します。具体的には

　　＊文章内容が具体的か
　　＊ポジティブな側面だけが過度に語られていないか
　　＊全体として投稿者が実際に商品を使用しているシーンが想像できるか

などをチェックしていきます。

　例えば「とにかくいいです。最高！」「こんな商品を待ってました！」という抽象的で感動的な言葉が並んでいる投稿は、関係者による広告・宣伝活動の気配を感じてしまいますし、「この商品は●●年に販売された商品の復刻版で、著名なデザイナーである■■氏によってデザインされている。▲▲社の本気を感じる素晴らしい商品だ」なども、内容が理路整然としすぎており、素直な反応ではなく、時間をかけて創作された文章だと感じてしまいます。これらはいずれも、消費者の一般的な反応を表していないように思います。

　私たちが何かを消費した際のことを思い出してみると、ずっと探し求めていた商材や超高単価商材などでなければ、ある商品やサービスを購入した際に「！！！！」のように心が動くことは現実的にはあまりないと思います。

　どちらかと言えば「この掃除機は思っていたよりも軽かったし、吸引力も結構あった」「料理は全体的に美味しかったけど、お店はちょっと賑やかすぎるかな」「最近のA社の商品、なんか好きだな」というように、「なんかいいかも」「ちょっぴり不満」という、ごくごく日常的な感想を持つことが普通ではないでしょうか。

第2章　リサーチ・データ分析の始めかた　　051

口コミ分析をする際は、このようなちょっとした心の動きをリアリティだと捉える、という心がけが重要だと思います。

　私が口コミを参考にする際は、表現が過度にポジティブやネガティブなもの、文章が整い過ぎているものは避け、数行のコメントで日常感覚に近いと感じられるものをピックアップするようにしています。

　こうした投稿を少なくとも30件ほど読んでいくと、ポジネガのだいたいの相場観はわかってきます。ただし、口コミを数件だけ読むという行為は絶対に止めてください。

　口コミやレビューのような文章情報は、よくも悪くも印象に残る強い情報なので、読み手は最初の数件に大きな影響を受けます。

　あたかもその数件が、消費者全般の反応だという印象を持ってしまうのです。したがって口コミ分析をする際は少なくとも30件、できれば50件は目を通すようにします。

　先ほど口コミの平均値にあまり意味はないと書きましたが、レビューが30件以上ついている投稿内容において、スコアが2.9以下と4.1点以上だった場合のポジネガ判断はある程度信頼してよいと思います。

　日本人の回答傾向として5段階評価は大抵3か4にチェックが付くため、3点台と4点は内容自体の差よりも、投稿者の評価基準のバラツキがたまたま出ているという印象です。

　一方で、2.9以下や4.1以上は意志を持って2点や5点を付けた人がいるわけで、そこには何かしらの要因があったと考えられます。

　個人的な感覚になってしまいますが、この軸で口コミを活用をしていて大きくズレたことはありません。ぜひ参考にしてみてください。

　なお、対象となる口コミを自分自身で見つけられない際は、有料の口コミ分析ツールの導入を検討したり、調査会社に口コミ分析を依頼するとよいでしょう。

第**3**章

よく活用される
インターネットリサーチと
インタビュー調査

デスクリサーチよりも深さが必要な場合の手法

インターネットリサーチと
インタビュー調査

さまざまな調査手法

デスクリサーチのポイントや、有益な情報ソースをお伝えしてきました。実はここまでのノウハウだけでも十分な情報収集は可能です。

しかし、実際にデスクリサーチを進めると、近しい情報はたくさん出てくるものの「知りたい情報の一部が欠けている」「情報が古すぎる」「追加で必要な情報が出てきたが見つからない」という状況に陥るものです。

特に、移り変わりやすい消費者の流行やニーズは、古いというだけで使いものにならないことも多く、欲しい情報をピンポイントに収集するのは困難です。このような課題を解決するには、別の調査手法を活用して情報収集する必要があります。

調査手法には、インターネットリサーチ・インタビュー調査・訪問調査・会場調査などさまざまな種類があります。（→p.038）

2017年7月に公表された「第42回 経営業務実態調査」（日本マーケティングリサーチ協会）のデータをもとに、実施されている調査手法の内訳推移を筆者が独自集計したところ、最も利用されている調査手法はインターネットリサーチで約50％でした。次いでインタビュー調査（FGI：フォーカスグループインタビュー＋DI：デプスインタビュー）が17％、会場テストが11.2％と続きます。

さらに2004年と2016年を比較した際に、利用比率が増えている手法が2つだけあります。1つはインターネットリサーチで約20％→約50％と明

らかなのですが、もう1つはDI（デプスインタビュー）という手法で3.2%
→9.6%と3倍になっています。

これらの手法はいずれも、デスクリサーチでは得られなかった消費者の
実態や意見・気持ちを深く把握できる手法ですが、特にインターネットリ
サーチとデプスインタビューの2つについては、ビジネスパーソンの教養
として、活用ポイントを理解していただきたいと思います。

なお、インターネットリサーチは「定量調査」で、インタビュー調査は
「定性調査」と分類されます。

定量調査と定性調査

定量調査とは、傾向・割合・ボリュームなど調査結果が「数値」で表さ
れる調査を指します。

例えば、30代・男性・会社員の1,000名に対して「ビジネススキルについ
ての調査」をインターネットリサーチで実施した場合、悩みが大きい順に

①ロジカルシンキング（60%）

②マネジメント・コーチング（40%）

③データ分析・調査（30%）

…というように、結果を数値で捉えられるのが定量調査です。解釈や
データ集計しやすいのが特徴です。

市場やターゲットの大まかな傾向を手早く把握する際や、仮説検証、広
告の効果測定などによく利用されています。代表的な定量調査手法は、イ
ンターネットリサーチ・郵送調査・電話調査・訪問調査・会場調査などが
挙げられます。

一方、定性調査とは、数値にはなかなか表れてこない個人の気持ちや想
いを「言葉」で把握する調査を指します。

例えば、30代・女性・既婚・子有りの10名に対して「育児に関する調
査」をインタビューで実施した場合、「毎日、育児と仕事の両立で本当に

忙しいけど、基本的に充実している。ただ本当はもっとパートナーとの時間を持ちたいし、2人でデートもしたい。そう言えば今年は結婚記念日祝ってないなぁ…」のように、数字では捉えにくい個人の気持ちや想い、価値観、感情の機微などを捉えられます。

こうした意見は十人十色ですから、結果を数値で集計することは非常に難しい反面、言葉だけでなく表情・声のトーン・ジェスチャーなどからも情報を得られるため、さまざまな発見・気付きを得ることができます。

代表的な定性調査手法には、グループインタビュー・デプスインタビュー・観察調査などが挙げられ、仮説の発見・構築などによく利用されています。

なお、定量調査と定性調査はどちらが優れている、ということではなく補完関係にあります。調査目的に応じた適切な使い分けや組み合わせを理解することが重要です。

定量調査と定性調査

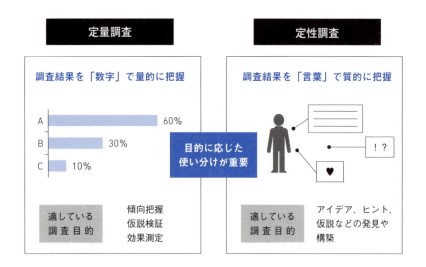

インターネットリサーチを企画する

　インターネットリサーチは、協力してくれる調査会員にシステムで調査依頼を送り、PC・スマホ・タブレットなどから調査に回答してもらいます。紙ではなく専用のシステムを活用するため、回答結果がリアルタイムで集計され、早く・安く・手軽にリサーチできます。

　調査内容によって金額やスケジュールはもちろん変動しますが、10問100サンプルサイズ（：回答者数→p.065）の調査であれば5万円で、発注翌日にデータ受領という、圧倒的な安さとスピード感で調査を実施でき、今ではマーケティング関係者に限らず、多くのビジネスパーソンに知られている調査手法です。

　デスクリサーチは自分で完結しますが、インターネットリサーチやインタビュー調査は、どうしても調査会社の協力が必要になります。

インターネットリサーチの仕組み

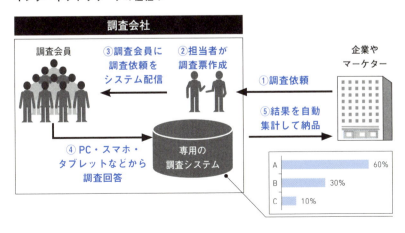

調査会社を使いこなし、アクションや意思決定につながるリサーチを実施するには、調査に必要な基本情報を「調査企画書」へ落とし込まなければなりません。**調査企画書は調査成功のための地図のようなものであり、正確に、抜け漏れなく記載することが重要**です。

　調査に必要な基本情報は、シンプルに整理すると「どうやって・誰に・何を・いつ聴くのか？」になりますが、調査会社を活用する場合は、調査の背景・目的・地域・対象者・回答者数（サンプルサイズ）（→p.065）・手法・項目・時期・予算など、実務に必要な詳細情報を整理して調査企画書を完成させる必要があります。

調査企画の4つのポイント

　あなたが製菓メーカーの商品開発担当だったとします。3ヶ月前に**スナック菓子の新商品Aを上市したものの売れ行きが芳しくなく、売上の不調要因と改善策のヒントを明らかにする必要が出てきました。** 例2

　売上状況やデスクリサーチでSNS上のコメントはチェックしましたが、新商品Aのピンポイントな感想や評判を集めることが難しかったため、インターネットリサーチで消費者の反応を集める必要があります。そのような際、次ページのような調査企画書を作成します。

調査企画書に記載する項目例

1	調査背景	どのような課題から調査を行おうとしているのか、調査結果からどのようなアクションを起こしたいか
2	調査目的	調査を通じて、把握・検証・確認したいこと
3	調査地域	全国、東名阪、首都圏、海外　など
4	調査対象者	どのような人達を対象に調査を行うのか（条件設定）
5	回答者数（サンプルサイズ）と割付	何名の回答を回収するか（回答者数）、回答者数の構成はどのように設定するのか（割付設定）
6	調査手法	インターネットリサーチ、グループインタビュー、CLT（Central Location Test：会場集合調査）など
7	調査項目	調査目的を達成するための調査項目案
8	調査時期	意思決定やアクションにつなげられる時期から逆算して、調査設計・実査時期・レポート納品日などを設定
9	調査費用	予算との兼ね合いで決定

第 3 章　よく活用されるインターネットリサーチとインタビュー調査　　059

調査企画書の記入例

1	調査背景	3ヶ月前に発売したスナック菓子Aの売れ行きが芳しくない。実際に想定していたターゲットと違う層が購買していることはわかっている。 今回の調査で売上不調要因を明確にし、マーケティングプランの見直しを実施したい。
2	調査目的	スナック菓子Aを実際に購入した人のプロフィール把握と購入理由の把握と事前の想定ターゲットが購入していない理由の把握を主な目的とする。 特に、非購入理由の仮説であるWeb動画の効果検証も行う。
3	調査地域	全国
4　調査対象者 　　　と 5　回答者数（サンプルサイズ）と割付		性別：男女
		年齢：15 － 69 歳
		職業：指定なし
		スクリーニング条件： ①直近3ヶ月間にスナック菓子Aを自分で購入し、食べた人400ss（回答者数：sample size） ②直近3ヶ月間にスナック菓子を自分で購入し食べたことがあるが、Aは購入していない人400ss
6	調査手法	インターネットリサーチ
7	調査項目	別紙参照
8	調査時期	20XX年XX月XX日までにデータ納品（発注日の1週間後）
9	調査費用	50万円（税抜き）

1.調査背景 および 2.調査目的

まず調査背景と調査目的を明確にします。

新商品の売上が不調で、その不調理由として事前に想定しているターゲット層が購入していないということはわかっていました。

しかし「なぜそのターゲット層が購入してくれないのか？」（非購入理由）や、「買っている人はどのような理由で購入しているのか」（購入理由）などが把握できておらず、このままでは改善アクションにつなげることができません。

ただ、どのような調査結果が出たとしても、既に販売を開始している商品をすぐに改良することはできません。

したがって今回の調査目的は、購入者と非購入者の理由を把握し、課題の内容が、

＊商品に起因する味・パッケージ・価格などの問題なのか
＊広告・宣伝のメッセージやクリエイティブ（特にWeb動画）の問題なのか

を明らかにして、マーケティングプランを具体的に見直すことになります。

商品に起因する問題については次回の商品開発の際に活かすことにして、主たる目的は現在のマーケティングプランの見直しです。

3.調査地域

この商品は全国のコンビニエンスストア・スーパーで販売されているため、調査地域は全国に設定しています。もし販売が関東圏のみ・東京のみであれば調査地域も販売エリアに準じて設定します。購入する機会がない人に調査をしても意味はありません。

4. 調査対象者

調査対象者を考える際に押さえるべき視点は次のとおりです。

①属性情報（地域、性別、年齢、職業、未既婚、子供の有無、年収など）
②行動・態度履歴情報（商品/サービスに対する認知、利用、利用中止、非利用など）
③心理的情報（価値観、ライフスタイル、趣味・嗜好など）

新商品Aの購買ターゲットは15〜39歳の男女ですが、今回は購入層の再確認も必要なので、15〜69歳の男女に広げて設定します。（属性情報）
さらに調査目的が、新商品の購入者プロフィールと購入理由の把握、非購入者の非購入理由把握なので、次のような絞込み条件も設定します（行動履歴情報）。

①直近3ヶ月間にスナック菓子Aを自分で購入し、食べた人
②直近3ヶ月間にスナック菓子を自分で購入し食べたが、菓子Aは購入していない人

心理的情報は「挑戦することが生きがい」「時間にも心にもゆとりある生活を実現したい」「新商品はとりあえず全部チェックする」というような価値観・ライフスタイルを表す情報を指します。
ただし新商品Aは低単価帯のスナック菓子であり、自動車や住宅のように、購入に際して価値観やライフスタイルが大きく影響するとは考えられないので、心理的情報での絞込みは設定しないことにします。
調査対象者を厳密に選定しようとすると、いくらでも条件を複雑にできます。15〜39歳の中には学生・会社員・専業主婦などさまざまな職業の方がおり、世帯年収や可処分所得の水準もさまざまです。

また、一口にスナック菓子と言っても、ポテトチップス・煎餅菓子など
の違いもあります。例えば新商品が新しい煎餅菓子で価格帯が200円〜
300円。煎餅菓子をよく買うのは専業主婦といういくつかの事前情報を保
有しているとして、「さらにできるだけ頻繁に商品を購入する人に調査し
たい」という目的で、調査対象者を「15〜39歳の男女・全国・世帯年収
400万〜500万・職業は専業主婦・週に1回以上200円〜300円の煎餅菓
子を自分で購入して食べている人」と設定したらどうでしょう。

　実際、このように絞込みが非常に細かい調査は多いのですが、この場合、
大きく3つの問題が発生します。

　1つ目は**そもそも必要な回答者数**（サンプルサイズ）**を確保できないかもし
れない**、という問題です（→p.064・対象者条件を考える視点④）。条件が厳し
い対象者をレアターゲットと呼びますが、世の中の少数派（レアターゲット）
は分析に必要な回答者数（サンプルサイズ）を確保できない可能性があります。

　2つ目は**施策検討時の有用性の観点**です（→p.064・対象者条件を考える視点⑤）。

　対象者条件を細かく設定するのは、少数派の意見を参考にすることでも
あります。商品改良などには少数派の意見でも十分なケースはありますが、
広告・宣伝・販売など、マーケティングコミュニケーション活動において
は、細分化されたセグメントごとに施策を落とし込むことはできません。

　TVや雑誌といったマスメディアを活用するのであれば、もっと大きな
括りでコミュニケーションしなければなりませんから、レアターゲットの
意見に引っ張られてしてしまうと、誤ったメッセージを届けてしまうリス
クがあります。前述の「15〜39歳の男女・全国・世帯年収400万〜500万・
職業は専業主婦・毎月1回以上200円〜300円の煎餅菓子を自分で購入し
て食べている人」という人に正確にアプローチするのは、アドテクノロジー
を駆使してもまだまだ難しいのが現状です。

　3つ目は**調査目的との合致性の視点**です（→p.064・対象者条件を考える視点
⑥）。実はこれが一番重要なのですが、調査目的が「売上不調要因の把握」

であり、課題の仮説が購入ターゲット層のズレだと考えているならば、ある程度幅広く対象者条件を設定しないと調査目的が達成されません。

例えば、年齢について当初想定が15〜39歳としても、実は40代に受け入れられている可能性があるなら調査対象者として15〜49歳に広げる必要がありますし、スナック以外のお菓子（例えばチョコレートなど）を購入しているユーザーに受け入れられている可能性があるなら、そういった方が調査対象者に含まれる条件設定が必要です。調査対象者を絞込みすぎてしまうとターゲットの再確認という調査目的を達成できず、本末転倒になります。調査対象者の検討中、つい自分たちが理想とする条件をすべて満たすターゲットに聴きたくなってしまうので注意します。

最後にもう1つ加えたいのは、「**比較**」**という視点**です（↓対象者条件を考える視点⑦）。これはデータ分析のポイントでもあるのですが、「**何と何を比較するのか**」**を考慮して対象者条件を設定します。**

例えば購入者と非購入者で接触している広告に差がある、男性と女性で味の評価への差がある、地域によって商品の再購入意向率に差がある、という結果はいずれもマーケティングプランの見直しに直結する発見です。

こうした発見は比較が大前提となっており、**比較可能な対象者設定をあらかじめ考慮しておくことが非常に重要です。**

したがって、以下7つが対象者条件を考える視点のまとめです。

対象者条件を考える視点

①**属性情報**（地域、性別、年齢、職業、未既婚、子供の有無、年収など）
②**行動・態度履歴情報**（商品／サービスに対する認知、利用、利用中止、非利用など）
③**心理的情報**（価値観、ライフスタイル、趣味・嗜好など）
④**必要なサンプルは確保できるか**
⑤**マーケティング施策に落としめる条件か**
⑥**そもそも調査目的と合致しているか**
⑦**調査後に比較したい軸で比較できるか**

サンプルサイズとサンプル数の違い

　調査において必要な回答者数を考える際に、基礎知識として知っておくべきことがあります。それは「母集団と標本調査」と「サンプルサイズとサンプル数の違い」です。誤解が多い言葉なので注意が必要です。

　例えば「東京に勤務する会社員の就労意識」を調査しようとした際、母集団は「東京に勤務するすべての会社員」となりますが、すべての会社員に調査をするのは不可能なので、ほとんどの場合は、母集団から何人かを無作為で抽出（サンプリング）して調査します。このような調査を標本調査といいます。

　仮に母集団が1万人だったとして、1万人から無作為で1,000人を抽出し、この1,000人を1つのかたまり（標本）と考えると標本数（サンプル数）は「1」となり、標本の大きさ（サンプルサイズ）が1,000となります。

　同じ1万人の母集団に対して、1,000人の標本を2つ抽出した場合は、標本数（サンプル数）は「2」、それぞれの標本の大きさ（サンプルサイズ）は1,000となります。

　ただ、実際のビジネス現場ではサンプルサイズの意味合いが、サンプル数という言葉で表現されていることが非常に多くなっています。

　むしろ、サンプル数＝1000という使われかたがスタンダードになっています。残念ながら誤用がスタンダードになっているケースはリサーチ用語に限らず多々あるので、柔軟に対応する必要があります。

5.回答者数（サンプルサイズ）と割付設定

　全体の回答者数（サンプルサイズ）をどのくらい集めたいかの検討と併せ、調査対象者の条件ごとにどのくらいの回答者数が必要かを決めることを「割付設定」と言います。割付方法は調査ごとに千差万別ですが、よく使われる割付方法が「均等割付」と「母集団構成比に合わせた割付」です。

割付の各マス目を慣習的に「セル」と呼びます。セル同士で比較して差を確認したいときには均等割付が使われます。

　下図の例だと20代男性・20代女性・30代男性・30代女性がそれぞれ100サンプルサイズ（ss：回答者数）ずつ割付けられています。これが均等ではなく、20代男性が30ssで20代女性が100ssだった場合、回答者数が違うため、数字の持つ信頼度が異なってしまうので注意が必要です。（→p.069「信頼性と妥当性の話」）

　また、均等割付をした際の合計400ssという数字には気をつけなければなりません。均等割付はセル間の比較を目的に設定している割付ですから、合計値の400ssは人口分布や特定サービスの利用率・購入率などの分布を全く反映していません。つまり、この400ssの合計で得られた数字では何も語れない、ということです。

割付設定の考え方

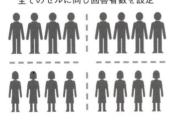

均等割付
全てのセルに同じ回答者数を設定

	20代	30代	合計
男性	100	100	200
女性	100	100	200
合計	200	200	400

「セル間の差」を見たいとき

母集団構成比に合わせた割付
母集団の構成比に合わせて割付
（例：全国の人口構成比など）

日本の人口構成比に合わせて性別×年代別の人数を割付ける

	10代(15歳～)	20代	30代	40代	50代	合計
男性	45	94	112	140	115	506
女性	43	90	109	137	115	494
合計	88	184	221	277	230	1000

平成29年 総務省統計局「人口推計」より算出

「全体の傾向・実態を把握したい」とき

スナック菓子Aの購入経験の調査結果例

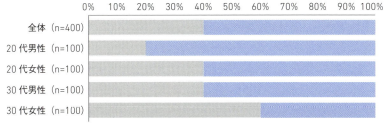

Q.直近3ヶ月間で、スナック菓子Aを購入しましたか？

	全体 (n=400)	20代男性 (n=100)	20代女性 (n=100)	30代男性 (n=100)	30代女性 (n=100)
購入した	40%	20%	40%	40%	60%
購入していない	60%	80%	60%	60%	40%

　仮に「Q.直近3ヶ月間で、スナック菓子Aを購入しましたか？」という調査結果が上記結果だったとします。

　400ss全体の購入率は40％という結果が得られていますが、この数字から「スナック菓子Aの20〜30代男女の購入率は40％である」と言えないことは明白です。

　実際の性年代の人口分布は均等ではありませんから、均等割付で全体傾向を語ることはできません。

　そこで活用されるのが「母集団構成比に合わせた割付」です。中でも、よく利用されるのが「日本の人口構成比に合わせて割付」する方法です。

　総務省統計局が、5年ごとに実施している国勢調査をもとに人口推計を公開しているのですが、この推計情報を参考に回答者数（サンプルサイズ）と割付を決定します。

　左ページ（←p.066）の図は平成29年に実施された情報をもとに、全体の回答者数（サンプルサイズ）1000ssを人口構成比で割付しています。

20代男性（94ss）と30代男性（112ss）ではセルごとの回答者数が異なっていることが確認できると思います。

このように割付した1000ssは、少なくとも性別と年代という点では日本の人口構成比に準じているので、全体の傾向を語ることができます。

セルごとに必要な回答者数（サンプルサイズ）を考える

インターネットリサーチなど定量調査を実施する際、「各セルごとにどれくらいの回答が必要なのか？」が気になるのではないでしょうか。

セルごとの適切な回答者数（サンプルサイズ）を考えるには「標本誤差」を考慮する必要があります。

インターネットリサーチに限らず、標本調査では必ず誤差が発生するのですが、その誤差は次の「標本誤差早見表」で確認することができます。

標本誤差早見表

＊表は（回答者数）×（％）≧ 500 の時に使用。P は％、50％ならば p = 50
＊グレーの部分は（回答者数）×（％）≧ 500 にならないセルを表す

(%)		50	100	200	300	400	500	1,000	2,000	3,000	4,000	5,000
1%	99%	2.8	2.0	1.4	1.1	1.0	0.9	0.6	0.4	0.4	0.3	0.3
5%	95%	6.2	4.4	3.1	2.5	2.2	1.9	1.4	1.0	0.8	0.7	0.6
7%	93%	7.2	5.1	3.6	2.9	2.6	2.3	1.6	1.1	0.9	0.8	0.7
10%	90%	8.5	6.0	4.2	3.5	3.0	2.7	1.9	1.3	1.1	0.9	0.8
15%	85%	10.1	7.1	5.0	4.1	3.6	3.2	2.3	1.6	1.3	1.1	1.0
20%	80%	11.3	8.0	5.7	4.6	4.0	3.6	2.5	1.8	1.5	1.3	1.1
25%	75%	12.2	8.7	6.1	5.0	4.3	3.9	2.7	1.9	1.6	1.4	1.2
30%	70%	13.0	9.2	6.5	5.3	4.6	4.1	2.9	2.0	1.7	1.4	1.3
35%	65%	13.5	9.5	6.7	5.5	4.8	4.3	3.0	2.1	1.7	1.5	1.3
40%	60%	13.9	9.8	6.9	5.7	4.9	4.4	3.1	2.2	1.8	1.5	1.4
45%	55%	14.1	9.9	7.0	5.7	5.0	4.4	3.1	2.2	1.8	1.6	1.4
50%	50%	14.1	10.0	7.1	5.8	5.0	4.5	3.2	2.2	1.8	1.6	1.4

回答者数（サンプルサイズ）と標本誤差（単位は％） ※ 95％の信頼度

回答者数：少　誤差は大きくなる　　　　　　回答者数：多　誤差は小さくなる

縦軸の数値は得られた結果の％で、横軸は回答者数です。その交点の数字（％）が結果に含まれる誤差を表しています。

例えば、回答者数が100サンプルの調査で「ある商品を認知していると回答した人が50％」という結果が得られた場合、この50％という数字が世の中の本当に正しい認知率だというわけではありません。

このときの標本誤差は10.0％となっていますから、本当の正解は50％±10.0％の範囲（40％〜60％）に含まれる可能性が高いことを意味します。

標本誤差の大きさは信頼度によって変わりますが、一般的には信頼度95％が使われています。95％の信頼度とは、100回の無作為抽出調査したときに、95回はこの範囲の中に正解があることになります。

この誤差を小さくして精度の高い調査を行うためには、回答者数を大きくするしかありません。誤差を最大でも±5ポイント程度に抑えるためには、400サンプルが必要となります。

統計学的な観点から必要な回答者数を決める場合は「標本誤差早見表を参照しながら、どの範囲の誤差まで許容できるか」を考えて決定してください。

信頼性と妥当性の話

リサーチ企画を検討する際、調査の信頼性と妥当性を確認することも大切なので、考えかたを説明しておきます。

信頼性とは、同じ条件下で同じ調査を実施した際に、同じような結果が出るということです。

信頼性をさらに分解すると、同じ対象者に同じ条件下で調査を実施した場合に同じ結果が出るかどうか：**安定性**と、同じ対象者が同じような質問に対して、同じような答えをするか：**一貫性**が担保されている状態を指します。

安定性は前述の標本誤差が大きく影響します。可能な限り誤差を小さ

くする回答者数（サンプルサイズ）の確保をお薦めします。

　一貫性は、ある2つのブランド調査において、それぞれの回答結果で、

1位：「先進的である」

2位：「グローバル企業である」

3位：「成長企業である」

と一致していたら、この結果には「一貫性があると言える」という考えかたです。

　信頼性は調査の回答母集団に大きく左右されます。例えば、昨年と今年で違う調査会社を使っていた場合、回答する母集団が違うため調査結果が変わってしまうので、信頼性が担保されないということになります。

　同じ調査会社を利用していても、その調査会社が対象者を確保するために別の調査会員を併用しているということであれば、回答する母集団が混じってしまい、信頼性を損なう可能性があるので気をつけてください。

　調査においては「妥当性」という言葉もよく出てきます。

　妥当性とは、「自分が把握したい内容がその調査で明らかになるか」ということです。

　リサーチには必ず「目的」がありますから、リサーチの目的が達成される手法選定や調査設計になっていなければなりません。

　調査企画書は妥当性をチェックしながら作成します。

調査回答者（調査パネル）の話

　信頼性には調査回答者が重要だとお伝えしたところで、今度は「そもそも調査に答える回答者（調査パネル）はどのような人達なのか？」「市場の声を反映しているのか？」ということが気になると思います。

　例えば、あなたが自社で会員組織運営を担当していたとします。

　自社会員の方々に自社サービスの認知率をアンケートで聴いた場合、当たり前ですが、自社会員以外の方々に聴いたときに比べ、結果が高くなる

と思います。認知率は100％となるかもしれません。

　仮に自社会員が10万人いたとしても、アンケートに回答してくれる方は多くても1万人程度でしょう。

　そうすると、このアンケートは少なくとも、「自社会員のみで構成されている」と「アンケートに協力する意志がある」という2つの偏りが生じていることになります。

　この偏りは少なからず調査結果に影響を与えます。このような調査結果に影響を与え得る偏りのことを「バイアス」と言います。

　インターネットリサーチも普及当初は「インターネットユーザーというバイアス」が問題視されていましたが、インターネットの人口普及率が2005年には70％を超え、2015年には80％を超えていることから（総務省「通信利用動向調査」）、現在はバイアスを気にする声はほとんど聞かれなくなりました。

　調査専用パネルを保有している調査会社は、特定のセグメントに偏らないようなパネル構築に努めています。

　仮に、特定のECサイトやゲーム・アプリなどの利用率が高いユーザーで調査パネルを構築してしまうと、商品やサービス利用率・価値観などにバイアスが生じるリスクがあります。

　調査会社のパネルを使ってリサーチを実施する際は、パネルの募集方法や管理方法を確認して「その会員が、どの程度市場を反映しているか」をチェックするとよいでしょう。

　いずれにしてもアンケート回答者というバイアスは発生するため、調査結果があらゆる消費者の声を代表していると考えるのは危険です。

　市場反映性は高いが、ターゲットの声を100％代表しているわけではなく、有効な判断材料の1つという捉えかたが適しています。

6.調査手法の選択

　調査手法の選択の視点は、調査対象者との親和性・調査目的・コスト・スケジュールなどを考慮して決定します。

　70歳以上の対象者を集めたい場合はインターネットよりも電話調査が適していますし、インターネットの利用状況を把握したいなら、郵送調査が適切かもしれません。

　今回は、15〜69歳という幅広い層を対象者として、購入／非購入理由の量的把握を調査目的に設定し、

　＊ 800ss（サンプルサイズ：回答者数）を50万円以内で収集する必要がある
　＊一週間以内に結果を得たい

という要件を考慮した場合、すべてを満たせる手法としてインターネットリサーチを選択します。

7.調査項目

　いよいよ調査項目です。調査項目はWeb上のアンケート（調査票）として回答者に送信されるのですが、聴くべきことを抜け漏れなく調査項目として列挙することが重要です。

　当然ながら調査票で聴いていない情報を集めることはできません。

　基本的に「意思決定やアクションに必要な情報は何か？」という観点から、必要な調査項目を考えていきます。

　今回の調査企画書で想定される調査項目は次のようなものです。

消費者への新商品浸透度合いを把握する項目（例）

認知・イメージの把握
- 認知度（新商品を知っているか）
- 認知経路（知っている場合、何から認知したか
  例：TV、店頭、雑誌など）
- 商品のイメージ（どのようなイメージを持ったか）
  例：美味しそう、新しいなど
- 商品の特徴理解
  （どのような商品か、具体的に理解しているか）

購入実態の把握
- 購入頻度（月に1回、週に1回など）
- 購入理由
- リピート意向 / 理由
  （また買いたいと思うか、また買いたい理由）
- 購入場所
  （コンビニエンスストア、大型スーパー、
  食品スーパーなど）

製品評価
- 製品評価（値段は妥当か、パッケージの印象は、
  味は美味しかったかなど）
- 使用満足度 / 理由

非購入理由の把握
- 認知、興味関心、購入検討など、購買プロセスの
  どこで脱落しているか
- Web動画の評価（認知、好感度、購入意向が高まったか
  など）

広告・宣伝活動の評価

CMやキャンペーンの評価
- 視聴後の第一印象
- 好感度評価
- 商品内容理解
- 接触後の態度変容

属性情報

- 可処分所得
- 子供有無や人数
- 同居家族　　など

調査項目を作成する視点

最初から調査項目をすらすらと考え出すのは難しいもの。筆者も営業時代、何百もの調査企画書を作成する中で、「この調査目的には、この調査項目が適している」ということを身体で覚えました。

適切な調査項目は、調査目的によって千差万別ですが、考えかたの視点を整理すると次のようになります。

①調査目的に合致した項目を設定する
②「分析の視点」に用いる項目を組み入れる
③消費者の購買行動に関するメンタルモデルを参考にする（→p.077）
④調査仮説を項目に落とし込む（→p.118「仮説を調査項目に落とし込む」）

①調査目的に合致した項目を設定する

何度も強調しますが、どんなときでも調査目的を忘れないことが大切です。

調査項目を考える際、知的好奇心が刺激されて「あれも聴きたい、これも聴きたい」病が発生するものです。それに気付かず調査項目を考え続けていると、聴きたい項目が何十個も出てきます。そういうときほど、ほぼ間違いなく不必要な項目が紛れ込んでいるものです。「その項目は本当に必要か？」「調査目的にかなっているか？」を常にチェックして下さい。

②「分析の視点」に用いる項目を組み入れる

データ収集終了後に活用する分析視点を組み入れることも重要です。対象者条件策定の際にもお伝えしたように（→p.062）、分析の基本は「何と何を比較するか」ということです。

例えば、「ウイスキーの飲用トライアル意向は飲酒頻度によって違う」という分析をしたければ、普段の飲酒頻度を調査項目に追加する必要があります。

飲酒頻度を確認する選択肢を「ほぼ毎日／週に3〜4回／週に1〜2回／月に2〜3回／月に1回／それ以下の頻度」と設定すれば、飲用頻度別のウイスキートライアル意向を確認することができます。

　ほぼ毎日／週に3〜4回を「ヘビーユーザー」、週に1〜2回／月に2〜3回を「ミドルユーザー」、月に1回／それ以下の頻度を「ライトユーザー」のようにまとめ上げれば、シンプルに分析することも可能です。

　他にも「サービスの利用期間によって満足度が高くなる」という分析をしたければ、サービスの利用開始時期やサービス満足度の項目を追加する必要がありますし、「忙しい人ほどサービスの利用意向が高くなる」という分析をしたければ、忙しさを可視化するための調査項目（労働時間、休日日数、共働きがどうか）を追加します。

　分析視点としてよく利用される項目に「購入経験」「購入意向」「満足度」「推奨意向」などが挙げられますが、NPS®（以下®は略）という推奨度を測定する有名な考えかたを紹介しておきます。

NPS（Net Promoter Score：ネット・プロモーター・スコア）

　NPSはエヌ・ピー・エスと略して呼ばれます。（NPSは、ベイン・アンド・カンパニー、フレッド・ライクヘルド、サトメトリックス・システムズの登録商標です）NPSは企業・ブランド・商品・サービスが、顧客からどの程度愛着や信頼を得ているかを、推奨度という考えかたを用いて測定する指標です。

NPSの算出方法

①「この商品・サービスを友人や同僚に薦める可能性はどのくらいありますか？」という質問に、0から10点の11段階で回答してもらう

②10〜9点と回答した顧客を「推奨者」、8〜7点を「中立者」、6〜0点を「批判者」として3つのセグメントに分類する

③「推奨者の割合−批判者の割合」がNPSのスコア

推奨者は、「親しい人に薦める」という企業にとってプラスとなる行動を取る可能性が高い、ロイヤルティの高い顧客セグメントです。

　対して批判者は、商品やサービスに不平・不満を感じていて、すぐに離反する可能性が高く、周囲にネガティブな情報を発信する可能性の高い顧客セグメントです。

　中立者は推奨者のように紹介することはないけれども、きっかけがあれば離反し、競合へなびいてしまうという顧客セグメントです。

NPS（Net Promoter Score）

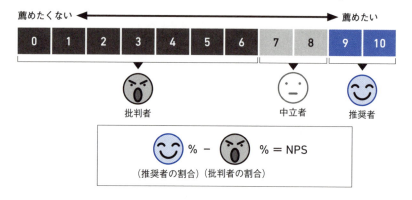

　考えかたの明快さと使いやすさ、業績との相関が強いというベイン社のお墨付き、キャッチーなネーミングセンスが相まって、非常に普及しているNPSですが、11段階評価で肯定的な意見と捉えるのは9・10のみで、8以下は中立か批判として捉える点が、非常に実践的だと筆者は思います。

　11段階のTop2（9・10）のみを推奨者として考えるので、顧客満足度を

楽観的に捉えず、現実的に評価している指標と言えるでしょう。

ただ、回答者の回答心理を考えると、11段階に正しく細かく評価するのが難しい商材もあるため、5段階評価が適している場合もあります。その場合、Top Box（「あてはまる」など最もポジティブな回答）を顧客ロイヤリティの指標としてモニタリングすることをお薦めします。

いずれにしても、満足度スコアは高い／低いの判断が難しいものです。したがって一回の調査結果スコアで何かを判断するのではなく、定期的に（毎月、四半期ごとなど）満足度調査を実施して、満足度スコアの推移を確認することが必要です。満足度や推奨度の高低は、比較軸にして分析すると回答傾向に差が出やすいので、調査項目としての活用を検討します。

③消費者の購買プロセスに関するメンタルモデルを参考にする

消費者の購買行動を把握するためのメンタルモデル（世の中の事象や人間の行動を仮説的に説明するための考えかた）は多々あるのですが、そのメンタルモデルから調査項目を導き出す方法です。代表的なものをご紹介します。

AIDMA：Attention,Interest,Desire,Memory,Action の頭文字を略してアイドマと読まれます。AIDMAでは、消費者はまず何かしらのキッカケで商品・サービスの存在を知り（Attention）、興味・関心を持ち（Interest）、欲しいと思うようになり（Desire）、商品を記憶して（Memory）、最終的に購買する（Action）、という購買プロセスを経ると考えます。

AISAS®：AISAS（以下®は略）は電通が提唱した概念で、考えかたのベースはAIDMAです。購買プロセスにインターネットが深く関与する時代に使われるようになった考えかたでアイサスと読みます。Attention,Interest まではAIDMAと全く同じ考えかたですが、興味・関心を持ったら検索し（Search）、購買に至って（Action）、体験や感想を共有する（Share）と考えま

す。購買プロセスを購買で完結させずに Share まで含めている点が特徴で、マーケターは「自社の商品/サービスが SNS でどう語られるか？」までを意識したプランニングが必要になります。最近よく聞く「インスタ映え」という言葉があります。Photogenic（フォトジェニック）は写真映えするという意味ですが、Instagram を筆頭に消費者が写真でコミュニケーションすることが一般的になったのを受けて活用されるようになった言葉です。Share されるかどうかは Photogenic かどうかが極めて重要な時代なので、コミュニケーションプランはもちろんのこと、製品パッケージや形状も可能な限り Photogenic の視点を考慮することが差別化につながる時代になりました。

AISCEAS：AISAS よりも購買プロセスを詳細に分解し、アンヴィコミュニケーションズの望野和美氏が提唱した考えかたで、「アイセアス」もしくは「アイシーズ」と読みます。AIS までは AISAS と同様で認知（Attention）、興味・関心（Interest）、検索（Search）ですが、検索行動したらどの商品がよいかを比較し（Comparison）、比較が完了してから具体的に購入先を検討し始め（Examination）、最終的に購買に至り（Action）、共有する（Share）という考えかたです。AISCEAS は購買プロセスを非常に細分化しています。単価が高く、購買意志決定に時間が必要な商材や意思決定プロセスが複雑な商材に適していると言えます。例えば自動車・住宅・保険などの高単価商材や BtoB ビジネス全般と親和性が高いと考えられます。ただ近年では、食品でも産地・原材料（アレルギー問題など）・トレーサビリティを入念に確認したり、子供向け商材や化粧品では成分表示をチェックするなど、すべての商材の購買プロセスが複雑化しているため、AISCEAS モデルがメンタルモデルとしては有効かもしれません。

FMOT：エフモットとは、FMOT と表記され、ファーストモーメントオブトゥルース（First Moment of Truth）の略称です。P&G が提唱した消費者が

購買行動を決める瞬間に関するメンタルモデルで、消費者が商品購入を決める最初の瞬間を指します。消費者は店頭で目的の商品が並んだ陳列棚を見て、最初の3秒から7秒でどの商品を買うかを決めていることが多いと言われており、『今この瞬間』に店頭で消費者が商品を買うかを買わないかを決める瞬間のことを指します。

SMOT：エスモットとは、SMOTと表記され、セカンドモーメントオブトゥルース（Second Moment of Truth）の略称です。FMOTと同様、P&Gが提唱したモデルで、商品購入者が商品を使用した体験を通してよし悪しを判断・評価し、その商品にリピートを決める瞬間のことを指します。

ZMOT：ジーモットとは、ZMOTと表記され、ゼロモーメントオブトゥルース（Zero Moment of Truth）の略称です。P&Gが提唱したFMOTやSMOTを踏襲して、Googleが提唱した消費者が購買行動を決める瞬間に関するメンタルモデルです。インターネットを使った情報収集が一般的になったことにより、店頭に行く前から商品・サービス、ブランドと消費者との交流が発生しています。この瞬間を「ファースト（First）」より前の「ゼロ（Zero）」という考えかたでゼロモーメントオブトゥルースと考えるモデルです。

　消費者の購買プロセスを把握するメンタルモデルはどれが正解不正解ということではなく、自社商材の特性に合わせて使い分けたり、適している考えかたを組み合わせて活用するなど工夫が必要です。

　このメンタルモデルを活用して、調査項目に落とし込むと次ページのような内容になります。ここではAISEASを例に挙げています。

　購買行動のメンタルモデルに則して調査項目を考えることで、ターゲット層の購買プロセスを網羅的に把握することが可能です。

AISEASをモデルにした調査項目例

**A：Attention
（認知）**

質問例：あなたは○○を何から見聞きして知りましたか？
選択肢例：TVCM、インターネット広告、雑誌、SNS、知人
の薦め　など

**I：Interest
（興味・関心）**

質問例：あなたは○○に興味・関心を持ちましたか？
選択肢例：興味を持った、少し興味を持った、どちらとも
言えない、あまり興味を持たなかった、興味を持たなかった

**S：Search
（検索）**

質問例：あなたは○○に関して情報検索を行いましたか？
選択肢例：情報検索した／情報検索はしていない

**C：Comparison
（比較）**

質問例：あなたは○○を購入する際に他にどのような商品と
比較検討しましたか？
選択肢例：競合商品A、競合商品B、競合商品C…

**E：Examination
（検討）**

質問例：あなたは○○の購入を検討する際にどのような点を
重視しましたか？
選択肢例：価格、デザイン、性能、味　など

**A：Action
（購買）**

質問例：あなたは○○を購入しましたか？
選択肢例：購入した／購入していない

質問例：あなたが最終的に○○を購入した理由は何ですか？
選択肢例：価格、デザイン、性能、味、　など

質問例①：あなたは○○を購入して満足していますか？
選択肢例：満足している、まぁ満足している、どちらとも言
えない、あまり満足していない、満足していない
質問例②：また、満足/不満足の理由をご自由にお書きくだ
さい（自由記述）

**S：Share
（共有）**

質問例：この商品・サービスを友人や同僚に薦める可能性は
どのくらいありますか？
選択肢例：推奨度を0〜10で回答してもらう。（NPS）

8.調査時期

調査時期を考える際に重要な視点は次の2つです。

＊意思決定やアクションに反映できるタイミングか
＊季節要因は考慮されているか

スナック菓子Aの例（→p.058・例2）では、調査結果をもとにマーケティングプランの見直しを実現しなければなりません。

「マーケティングプランの見直し」と書くのは簡単ですが、実際には部門単位、場合によっては経営レベルでの意思決定が必要なときもあるでしょう。

調査結果を意思決定につなげることを考えるなら、意思決定に必要なプロセス（社内関係者への説明や合意形成、役員会での承認など）を洗い出し、滞りなく進められるスケジューリングを行う必要があります。

調査が無事終了し、有意義な結果が得られたとしても、「今期中のマーケティングプランの見直しに反映させる時間的余裕がない」ということになれば何の意味もありません。

どんな企業においても決裁者は忙しく、スケジュール確保が難しいものです。大企業なら直前にスケジュールを確保するのは不可能に近いという場合もあるでしょう。

したがって調査時期を考える際は、**意思決定プロセスまでを考慮したスケジューリングが重要**になります。

もう1つは季節要因の考慮です。特に消費者向けのリサーチを実施する場合、同じ内容であっても、季節によって回答結果が異なる可能性があります。税制の変更時期や助成金の支給時期は、特に住宅や車などの高単価商材の購入意向に影響がありますし、アルコール飲料や清涼飲料水なら春夏秋冬や天候・気温で需要が変化します。また、転職活動も一般

的にボーナスを受け取った後に活発になると言われます。

このように商材やサービスによって、さまざまな季節要因があることを踏まえて、適切な調査時期を検討してください。特に前年度との比較をしたい場合は、調査時期が違っていると、この季節要因によって有意義な比較ができなくなるので注意します。

9.調査費用

調査会社によりますが、インターネットリサーチは最低3万円～5万円程度から実施することができる非常に安価な手法です。この圧倒的な安さが調査手法として最も普及した理由と言えるでしょう。

スナック菓子Aの調査内容（→p.058・例2）を実際に実施する場合、質問数はだいたい20～25問で、必要なサンプルサイズは800サンプルの調査となります。

実査のみの金額ならば50万円程度が相場だと思います。

検索エンジンを使えば無料でさまざまな情報が取得できる時代において、情報収集に50万円も払うことに抵抗を覚える方もいらっしゃるかもしれません。ただ、インターネットリサーチで得られた情報は、あなた以外に知っている人はいませんから、その情報を活用して商品改善や画期的なサービス開発につなげ、競争優位を獲得できるかもしれません。

競合企業がリサーチを活用して常に消費者ニーズを捉え、ビジネスの成功確率を高めていたなら、リサーチしていないこと自体がリスクにもなり得ます。

情報化社会において、情報弱者であるというのは戦いを不利にすることを意味します。これを考えると、50万円という調査コストを「無駄金だ」と捉えるか、「必要経費や投資だ」と捉えるかは、大きな経営判断となるように思います。

リサーチも無料で実施できる時代

　さて、前項ではお金を払ってもリサーチをすべき…と書きましたが、実はリサーチを無料で手軽に実施できるツールがあります。前述の定量調査、定性調査それぞれ無料で使えるセルフリサーチツールをご紹介します。

（定量調査のセルフリサーチツール）

　・Questant：https://questant.jp/
　・Survey Monkey：https://jp.surveymonkey.com/

（定性調査のセルフリサーチツール）

　・ミルトーク：https://milltalk.jp/

Questant　　　　　　　　　　　　ミルトーク

　定量調査のセルフリサーチはいずれも、自分でアンケートやフォームを作成し、生成されたURLを対象者に送信するだけで回答を無料で集められます。得られた回答は自動で集計・グラフ化され、よく使われる調査項目が記載されたアンケートテンプレートなども用意されているので、初心者でも簡単に定量調査を実施できます。

　ミルトークは消費者に聴きたいことを掲示板という形式で投稿し、コメントを無料で集められます。Yahoo!知恵袋のマーケティングリサーチ版のようなサービスとも言え、アイデアや発見につながるコメントを短時間で

集めることができます。調査費用を捻出できないとき、あるいは仮説を考えるためにターゲットの反応をちょっと確認したいときなどは、これら無料のセルフリサーチツールを活用するとよいでしょう。

以上が、インターネットリサーチの調査企画を立てる際に押さえるべきポイントです。調査の背景・目的・地域・対象者・回答者数（サンプルサイズ）・割付・項目・時期など、1回のインターネットリサーチを実施するためにも多くの事柄を検討する必要があります。

初めての方には難しく感じられるかもしれませんが、何度か調査企画書を作っていけば慣れるのでご安心ください。もちろん調査会社に相談すれば提案をもらうこともできますが、有意義な調査を実施するには発注者側でポイントが考えられていることが非常に重要なので、ぜひ調査企画書の作成にチャレンジしてみて下さい。

インタビュー調査

ここからは、インタビュー調査について解説します。インタビュー調査は定性調査（→p.055）であり、調査結果を「言葉」を通して把握するので、主にアイデアや仮説の発見に活用されます。

多くのビジネスパーソンにとって、インタビューは非常に身近な手法です。営業がクライアントに実施するヒアリングや、システム担当者がユーザー部門に実施する要望・要件のヒアリングは簡易インタビューです。

雑誌のインタビュー記事、テレビ番組での街頭インタビューなど、インタビューは情報収集の手段としてさまざまなシーンで活用されています。

インタビューを通して得られる情報は、誰かが加工したものではなく、まさにその場で生成される情報（一次情報と言います）なので、着色されていないフラットで新鮮な情報を獲得できる点や、表情・仕草・声のトーン・対象者が醸し出す雰囲気など、五感でインプットが得られる点で非常に価値が高いものです。

このように身近なインタビューですが、その手軽さゆえ、正しい実施方法や質を高める方法については、あまり考慮されていないように思います。

インタビュー調査の2つの手法

1つはFocus Group Interview（FGI）で、一般的に**グループインタビュー**と呼ばれます。6人前後の対象者を集め、あるテーマについて「話し合い」をさせる手法です。

参加者同士がそれぞれの発言内容に刺激を受け、「あ、そうそう、それは私も思っていた」「そういえば思い出したけれど、こんなことがあった」というように相乗効果が期待できるため、幅広い意見や多くのアイデアを収集することができます。

もう1つは**デプスインタビュー**という手法で、対象者とインタビューアーが「1対1」で対話する手法です。

1つのテーマをより深く聴取できると同時に、信頼関係が構築できれば、複雑な購買プロセスやデリケートなテーマでもしっかり本音を引き出すことができます。例えば、住宅や自動車など、高単価で検討期間が長い商材の購買プロセスや心理的変化、意思決定のポイント把握や、資産形成・教育・病気・美容に関する考えなどです。

グループインタビューは数人が集まって話し合いをするため、その話し合いをどうマネジメントできるかが成功の鍵となります。話し合いをマネ

第3章　よく活用されるインターネットリサーチとインタビュー調査　085

グループインタビューとデプスインタビュー

「話し合いが機能するかどうか？」で適切な手法を判断する

グループインタビュー （FGI：Focus Group Interview）	デプスインタビュー （DI：Depth Interview）
6人前後の対象者を集め、あるテーマについて「話し合い」をさせる手法。 参加者同士の発言の相乗効果（グループダイナミズム）が期待でき、幅広い意見や多くのアイデアが聴取できる。	対象者とモデレーターが「1対1」でインタビューする手法。1つのことをより深く聴取できるとともに、デリケートなテーマでもしっかり本音を引き出すことができる。
【話し合いのメリット】 話し合いが活性化すると軽い興奮状態になり、ポロッと本音が出やすい。 本音の発言がお互いの刺激になって、気付き・思わぬ発見が生まれることがある。 多様な視点からの意見・情報が一度に得られる。	【1対1で話を聴くメリット】 対象者の人となりを深く理解しやすい。 大勢の他人の前では話しにくいことも聴ける。 複雑で込み入ったことを詳しく聴ける。
商品・サービスの「使用実態」や「評価の理由（魅力点・問題点）」を幅広く・網羅的に把握したいときなど。	価値観や嗜好をパーソナルベースで詳しく知りたいとき。 例：ロイヤルユーザーに共通する情緒的価値を探り、ペルソナを検討したいなど 他人と話し合いづらいテーマ。 例：資産形成、子供の教育方針、深刻な病気など 商品・サービスの認知〜購入までの心理・行動の経緯を詳しく知りたいとき。 例：カスタマージャーニーを検討したいなど

ジメントする役割を担うのがモデレーターと呼ばれる方々で、業界・顧客・商品・サービスの深い理解に加え、話し合いに参加する対象者のライフスタイルや思考・嗜好の把握、場を活性化するためのファシリテーション能力やコミュニケーション能力など、非常にハイレベルなスキルセットが要求されます。

　残念ながらこれらのすべてを満たすモデレーターは、業界内にも多くはなく、グループインタビューの成否がモデレーターの質で決まるという状況になっています。

　近年、価値観の多様化や個別化が進んでいる背景もあり、1つのテーマで相乗効果を生み出すのが難しくなっていることや、情報過多により消費者自身、自分の考えを整理したり購買理由を言語化するのが難しくなっていることから、1人1人にじっくり向き合い、丁寧に本音を引き出すデプスインタビューのニーズが高まっています。

　グループインタビューは調査会社を使わずに実施することが非常に難しい手法ですが、デプスインタビューであれば、日々のビジネスでも活用できます。

インタビューの4つのポイント

　インタビューの成功には以下4つのポイントを意識する必要があります。

　インタビュー企画書の作成、入念な事前準備（依頼を含む）、当日のインタビュー（スキル）とフォローアップの4つです。

①インタビュー企画書の作成　　②インタビューの依頼
③インタビュースキル　　　　　④フォローアップ

インタビューの4つのポイント

1. インタビュー企画書の作成

インターネットリサーチと同様、インタビュー実施においても企画書を作成します。以下がインタビュー企画書に必要な項目です。

インタビュー背景	どのような課題からインタビューを行おうとしているのか、インタビュー結果からどのようなアクションを起こしたいか
インタビュー目的	インタビューを通じて、把握・検証・確認したいこと
インタビュー対象者	どのような人達を対象にインタビューを行うのか
対象者の数	何人にインタビューするか（インタビュー人数）対象者の構成はどのように設定するのか（割付設定）
インタビュー項目	調査目的を達成するための調査項目案
インタビュー時期	結果が必要な時期から逆算し、さらに対象者がフラットな意見を答えてくれる時期（繁忙期を避けるなど）で設定
インタビューフロー	「いつ、何を、どのように聞くか？」をまとめる

　実はインタビュー企画書の作成にあたって考えるべきことは、インターネットリサーチの企画書とほぼ同様です。**インターネットリサーチの企画と同じように、インタビュー背景や目的を明確にすることから始まり、「誰に・何を・いつ聴きたいのか？」ということを整理します。**

インタビューは通常、1人1時間程度で、約10〜20人に実施しますが、インタビュー時間を有意義にするために「誰に話を聴くべきなのか？」という点は、特に丁寧に設計することが重要です。

インタビュー対象者を選ぶ視点

対象者を考える基本的な視点は、インターネットリサーチ同様ですが、インタビュー調査は量的な検証が目的ではなく、実態や課題の背景にある原因や構造を明らかにしたり、発言内容から新しいアイデア・ヒント・気付きなどを得ることに主眼が置かれます。

そうした点から、インタビュー対象者を選ぶ視点を列挙すると、次のような視点が必要になります。

＊該当テーマへの興味・関心が高い人
＊思考力が高く、物事を多面的に見ている人
＊いろいろなアイデアを持っている人
＊自分の意見を発信することに抵抗がない人

よくある失敗例として、「30代・女性・会社員・よく使っている化粧品ブランドが●●」という条件に合致している方に、美容についての悩みや対策を伺おうと思ってインタビューしたところ、「●●は何となく買っているだけだし、美容についてもこれと言って悩みはない」という回答で話が終わってしまったり、「そんなことは考えたことがなかった／よくわからない」という回答に終始することがあります。

これは該当テーマへの興味・関心が低い対象者を選んでしまった際によく起こります。

皆さんの実務でも次のようなケースは散見されると思います。

＊営業担当がお客様に、業界や会社の経営課題をヒアリングしたが、お客様は、その内容についてほとんど知識や意見がない

→質問の難易度や視点が、お客様のミッションや視点とズレている際に発生

＊人事部門が管理職向けの研修を検討している際、ある課長職にインタビューしたところ、「ウチは上手くやれているから研修の必要はない」で話が終わってしまう

→本当に問題がない場合は上手くやれている秘訣をヒアリングすればよいが、多くの場合、視野が狭く、課題に気付いていないことが多い

　ある企業が、自社のブランドイメージのリブランディング（ブランド再生）を推進するケースを例にします。
　現在のブランドイメージやブランディング課題を把握し、リブランディングの方向性を考える目的でインタビューを企画します。この場合、以下のような対象者選定となります。

インタビュー対象者の選定例

インタビュー目的：リブランディングの方向性を決めたい

社内	社外
CEO / 経営陣：3名 **広報関係者**：1名 **マーケティング部門関係者**：1名 **従業員** 　- 社歴が長い人（中堅層）：2名 　- 社歴が短い人（若年層）：2名	**顧客**：4名 　- 関係性が深い：2名 　- 関係性が浅い：2名 **パートナー企業**：2名 **学生**：3名 **投資家**：2名

コーポレートブランディングは経営戦略・事業戦略・マーケティング戦略と直結するので、CEOや経営陣、マーケティングやコミュニケーション関連部門のキーマンインタビューは当然ながら必要です。

　また、企業ブランドは社員のモチベーションやロイヤリティにも深く影響を与えるので、従業員へのインタビューも必要になります。

　社内だけでなく、社外からどう認識されているのかも把握する必要があるため、主要ステークホルダーに対するインタビューを検討します。

　この割付に該当する候補者を選ぶ際、「該当テーマへの興味・関心が高い」「思考力が高く物事を多面的に見ている」「いろいろなアイデアを持っている」などの視点を加味して人選します。

インタビューフローの策定

　インタビューの企画書において、インタビューフロー（インタビューの流れ）の策定は非常に重要です。

　インターネットリサーチの場合はアンケート形式のため、回答者の落ち着く場所で自分のペースで回答でき、自然な状態での回答が得られます。

　回答者は調査票の順番どおりに回答し、自宅や職場、食事の合間や仕事の休憩時間に回答します。

　一方、多くのインタビューの場合は、依頼主の会議室や専用のインタビュールームなどで実施されるため、回答側はいつもと違う雰囲気や場所に置かれます。インタビューアーとも初対面なので、自然な状態でいるのは難しいでしょう。

　インタビューのように口頭ベースのコミュニケーションは、事前に想定していた順番どおりに進むことは非常に稀です。

　むしろ順番どおり1問1答式で質問を続けていくと尋問のようになってしまい、回答者がノッてきません。

写真左：専用インタビュールーム／写真右：ミラールーム裏のバックルーム

こうした事情を考慮して、**回答者が回答しやすい雰囲気や聴きかたに気を配ってインタビューフローを策定**します。

インタビューの流れは大きく①②③の3つに分けられます。

①アイスブレイク

まず最初に、話しやすい雰囲気を作るための質問を考えます。難しく考えず、初対面の方との常識的なコミュニケーションを心がけます。事前準備でのやり取りが円滑で、かつ協力者の事前調査が十分にできていれば、アイスブレイクで場の空気を温めることができます。

　例）「御社のニュースで●●を聞きましたが、大変そうですね」
　　　「Facebookで拝見しましたが、ご趣味は○○なのですね」

②インタビュー開始

インタビュー企画書で整理したインタビュー項目を質問していきます。インタビューが効果的に進むように留意します。

（ⅰ）**インタビュー項目を、回答者が答えやすい順番へ並べ替える**

回答者の思考がスムーズに流れることを意識。日常会話と同じ。

＊「過去→現在→未来」
＊「一般論 →個別論・具体論」

＊「単純な質問→複雑な質問」

＊「事実に関する質問→意識に関する質問」

＊デリケートな質問は中盤以降で設定する

例）「あなたの上司の課題は？」「あなたの今後の資産運用計画は？」

（ⅱ）インタビュー項目ごとの時間配分を決める

こちらで深く聴きたい質問内容と、回答者が話しやすい内容は違うものです。回答者が話しやすい流れを保つことは重要ですが、「特定の質問に時間を割きすぎてしまい、重要度の高い質問ができなかった」ということを避けるためにも、質問項目ごとに割ける時間の目安を設定しておきます。

（ⅲ）インタビュー項目ごとに重要度を決める

時間配分を考えるには、項目ごとの重要度を設定しておく必要があります。項目ごとに「必ず聴きたい」「できれば聴きたい」「時間があれば聴きたい」というふうに3段階で重要度を設定しておきます。時間がなくなってしまった場合は、話の流れが多少ちぐはぐになったとしても、「必ず聴きたい項目」を質問したほうがよいと思います。

このように事前にインタビューフローを丁寧に設計したとしても、当日は想定外のことが多々発生します。

「協力者の方が急遽30分しか取れなくなった」「想定していた対象者条件と違っていた」「アイスブレイクが上手くいかず、なかなか会話が弾まない」…などです。

このような場合は、事前に想定していた項目や60分という時間にこだわらず、いくつかの重要項目だけ質問して30分で終了するなど柔軟に対応します。

③クロージング

インタビュー目的を達成したり、事前に約束していた時間が来たらインタビューを終了させます。インタビュー結果を今後どのように活用していくのか、追加インタビューの可能性があるかどうかなどをお伝えします。

最後に、インタビュー協力への感謝を伝えてインタビューをクロージングします。

インタビューの大まかな流れ

アイスブレイク
事前調査をもとに話しやすい雰囲気を作るための質問
難しく考えず、初対面の方との常識的なコミュニケーションを心がける。　例）「最近はお忙しいですか？」

インタビュー
（ⅰ）インタビュー項目を回答者が答えやすい順番へ並べ替える
回答者の思考がスムーズに流れることを意識。日常会話と同じだと考える。
- 「過去→現在→未来」
- 「一般論→個別論・具体論」
- 「単純な質問→複雑な質問」
- 「事実に関する質問→意識に関する質問」
- デリケートな質問は中盤以降で設定する
  例）「上司の課題は？」

柔軟に

（ⅱ）インタビュー項目ごとの時間配分を決める
（ⅲ）インタビュー項目ごとに重要度を決める
- 「必ず聴きたい」「できれば聴きたい」「機会があれば聴く」

クロージング
- 今後のスケジュールなどを簡単に説明
- 協力への感謝

アルコールの飲料実態把握に関するインタビューフロー（例）

時間（分）	質問事項	分析点／注意点
導入・ラポール形成 （10分／10分） → p.097	＊ごあいさつ、事前の承諾（ビデオ録画の承諾、守秘義務、インタビューの趣旨説明など） ＊自己紹介（名前、家族構成、好きなこと、趣味など） ＊好きなお酒の種類	事前に調査したインタビュー対象者の情報をもとに、ラポール形成
1 アルコールとの距離感について （25分／35分）	①お酒を飲む人と飲まない人の会話について、フキダシ内にどのような言葉が入ると思いますか？ ②そのような言葉を入れたのは、なぜですか？その背後にある気持ちをもう少し、説明してみてください。 ③あなた自身はお酒は好きですか？どのようなものを飲みますか？飲み会は好きですか？ ④お酒を飲んでハメを外したり、酔いつぶれてしまう人をどう思いますか？ ⑤あなたにとって、アルコールはどんな存在ですか？ ⑤の質問は回答が難しければインタビューの最後に回す	アルコールが対象者にとってどういう存在かを明らかにする ブランドの価値はどこにあるのか
2 新商品のコンセプト評価について （25分／60分）	「ではこれから『新商品（●●●）』の説明文をお見せします。こんな新商品があったらどう思うかを聞かせてください」 ①第一印象 ②「このようなお酒があったら、どういう味を想像しますか、それはなぜですか」 ③「このようなお酒があったら、どんな時に飲みたいですか、それはなぜですか」 ④「誰が好んで飲むと思いますか、あなた向けだと思いますか」 ⑤「あなた自身は飲んでみたいですか」 ⑥「○○ブランドに合っていると思いますか」 ⑦「購入してみたいですか」 ⑧「値段はどれくらいなら購入したいですか」	あくまでアイデア段階では受け入れられるか、興味を持たれるのかを確認 ヘビー／ライトユーザーにとって、自分向け感が想起されるかを確認する
3 クロージング	・協力の御礼 ・今後のスケジュールなどを簡単に説明	謝辞を伝えることを忘れない

インタビューの4つのポイント

2.インタビューの依頼

インタビューの企画概要が固まったら、対象者にインタビューを依頼します。上司・同僚・顧客・知人へのインタビューなら自分で依頼するでしょう。

初対面の方にFacebookなどを活用して、不躾ながらも面会やインタビューをお願いする機会があるもしれません。自分で対象者確保が難しい場合は、調査会社などの専門機関へ依頼することになります。

いずれの場合でも、インタビュー依頼の際、気を付けるべきことが2つあります。1つはインタビュー対象者自身を調査しておくこと。もう1つは連絡事項を正確に、抜け漏れなく伝えることです。

インタビュー対象者は忙しい時間を割いてくださるわけですから、その時間を少しでも効率的、効果的に活用するための事前準備は礼儀です。

60分のインタビューで最初の15分をお互いの自己紹介や基本情報の確認に費してしまうのは効率的とは言えません。

ひとことで言うと準備は、対象者の「人となり（所属企業、部門、業務内容、職歴、業界動向や業績、価値観やスタンス、趣味・嗜好など）」を事前に調べておくことです。

業界や企業情報はデスクリサーチで、さまざまな情報ソースを活用し、パーソナリティはSNSの投稿内容などを参照します。このような事前調査をしっかり行っておけば、ムダな質問をしないですむだけでなく、質問のポイントも明確になります。

協力する側からしても、インタビューアーが事前にさまざまなことを調べて臨んでいることがわかると気分がよいものです。インタビューの質を高め、インタビュー協力者との良好な関係性構築のためにも、入念な事前調査をお薦めします。

もう1つはマナーの問題ですが、インタビュー実施に関する基本情報（日時・場所・目的・内容・同席人数・発生する場合は謝礼金額など）を正確に、抜け漏れなく事前に伝えるということです。当たり前のことですが、凡事徹底も信頼関係構築には非常に重要です。このように信頼関係を構築することを「ラポールを形成する」と言います。ラポールとはフランス語で架け橋を意味する言葉で、転じて相手との良好な関係性という意味としてビジネスや臨床心理で使われる言葉です。インタビューやコミュニケーションを成功させるためには、よいラポール形成が非常に重要です。

インタビューの4つのポイント
3. インタビュースキル

　インタビュー企画書を作成し、インタビュー依頼が終わったらいよいよ当日のインタビューです。「企画書で整理したとおりに聴きたいことを引き出せるかどうか」は、インタビュースキルで決まります。
　ただ質問して聞くだけなら誰にでもできてしまうのがインタビューですが、スキルが高い人がインタビューすると、同じ60分間で得られる情報の量と質に大きな差が出ます。インタビュースキルは次の要素で構成されると筆者は考えています。

インタビュースキルの構成要素

①対象への知識・理解

対象者ではなく「対象」と記載しているのは、インタビューにあたって必要になる知識は、相手への理解だけではなく、該当テーマや商材、業界動向、さらには人間の行動特性丸ごとなど、幅広い領域を指すためです。そうした広大な知識・知見がベースにないと、よい質問を投げかけることはできません。筆者はマーケティングや商品開発という日々新しいアイデアや企画が求められる部門の責任者を務めさせてもらっていますが、部下から「何を質問すればよいかわからない」「どう考えればよいかわからない」という相談をよく受けます。たいていの場合は能力が足りないのではなく対象への知識・理解不足がボトルネックになっているようです。いわゆる勉強不足です。付け焼き刃でも構わないので、インタビューに必要となるであろう知識を事前リサーチし、ある程度の理論武装をしておきます。

②第一印象

インタビューは人と人が顔を突き合わせますから、第一印象にも気を配ります。第一印象やアピアランスに気を配ることはコミュニケーションの基本です。諸説ありますが、人の第一印象は3秒〜4分で決まり、第一印象を変えるには、それ以降7回の接触が必要になるとも言われます。「第一印象はすぐ決まり、変えるのが大変」ということですが、60分一本勝負のインタビューで第一印象を損ねてしまうと、信頼関係を構築できないまま時間が終わります。経験的に言えば、女性より男性のほうが第一印象のマネジメントに鈍感な印象を持っているので、ぜひ心に留めてください。

第一印象を決める要素

-容姿・服装　　-表情・仕草　　-声のトーンや大きさ、話しかた

-匂い・臭い　　-礼儀正しさ　　-清潔感　など

③姿勢

インタビューに対する姿勢は、その人の言葉や振る舞いの節々に現れます。たまに遭遇するのですが、インタビューに答えている最中に、

「○○についてもっと具体的に教えてくれませんか？」

「それは●●ということだと思うのですが」

というふうに、言葉は丁寧なものの、聞きかたがどこか高圧的だったり、発言を否定されているような気持ちになることがあります。そんなとき、インタビューアーの姿勢に少し疑問を持ってしまいます。インタビューの姿勢として重要な点は、感謝・信頼・真摯・共感の4つです。

感謝：わざわざ時間を割いてくれている

信頼：相手の話は正しいと考える。否定しない

真摯：相手の話を100％理解しようと努める

共感：相手の立場になって考える

これらはNLPやコーチングの領域では当たり前の考えかたですが、ビジネスパーソンの一般教養としては、まだあまり浸透していないように思います。インタビュースキルはコミュニケーションスキルそのものです。

コミュニケーションで大切なのは、相互理解の姿勢に尽きます。感謝しながら、相手のことを信頼して話を真摯に聴き、共感を持って応える。

リサーチという文脈からこうした言葉が出てくることに驚かれた方もいるかもしれませんが、よくよく考えると、インタビューに限らずアンケートも調査票を介した回答者とのコミュニケーションです。リサーチ全般において、感謝・信頼・真摯・共感という4つの姿勢を持って臨むことが非常に大切です。

④聴く力

皆さんはお気付きになられたでしょうか？　実は本書において「きく」というアクションを記載する際に、聞くと聴くを使い分けており、圧倒的に「聴く」という漢字を多用しています。これは筆者のこだわりですが「聴く」は「聞く」よりも深いレベルできくアクションであり、アンケートやインタビューは「聞く」ではなく、「聴く」であるべきだと思っています。

傾聴という言葉に代表されますが、聴くという漢字は「耳に十四の心がある」あるいは「耳と目と心で聴く」と書きます。どちらも一生懸命に相手の話に耳を傾けるということの重要性を説明しています。「傾聴のあいうえお」という考えかたもあります。

傾聴のあいうえお

あ：相手の目をみて

い：一生懸命に

う：うなずきながら

え：笑顔で

お：終わりまで（「オウム返し」の場合もあります）

自分がインタビューされる側に立ってみるとわかりますが、インタビューアーが「傾聴のあいうえお」を実践していた場合、非常に気分よく饒舌に話している自分がいるものです。ぜひ心がけていきましょう。

⑤質問する力

質問する力（質問力）のベースは対象への知識・理解が重要だとお伝えしました。知識のベースがなければ良質な問いを立てることはできません。

一方、知識・理解のベースがあったとしても、質問方法にバリエーショ

ンがなければ有効な回答を引き出すことは難しいでしょう。知識・理解は質問力の必要条件ですが、質問方法は十分条件と言えます。

　ここでは代表的な質問方法の種類をご紹介しておきます。質問方法についての詳細は割愛しますが、それぞれの質問方法にはメリット／デメリットがあります。どれか1つに偏るのではなく、シーンや目的に合わせて自然に使い分けができるようになることが理想です。

質問方法の種類　（データ分析を学習したい対象者への質問を例として）

	具体的質問例	メリット	デメリット
Open Question	ご自身のスキルアップで感じている課題は何ですか？	相手に自由な発想を促せるのでフラットで幅広い意見を集められる	対象者の回答負荷は高い
Close Question	データ分析の方法について学びたいのですね？（Y/N）	こちらの仮説・意見を手早く確認できる	連発すると、対象者が詰問された印象となり不快感を与える
チャンクダウン	具体的にはどんな分析方法を学びたいのですか？	掘り下げることによって、課題や意見の本質が明確になる	対象者が考えきれていない場合、誘導につながりやすい
チャンクアップ	分析方法というより、リサーチ全般の基礎知識ということですか？	視点を上げることで、課題の範囲が明確になる	まとめかたが難しく、インタビューアーのスキルが必要
スライドアウト	ところでプロジェクトマネジメントスキルはいかがですか？	幅広い意見を柔軟に聴くことができる	連発するとインタビューが散漫になり、対象者が不信感を覚える

第3章　よく活用されるインターネットリサーチとインタビュー調査　101

⑥クロージング

　質問力とセットで覚えておいていただきたいのが、クロージングという考えかたです。「インタビュー全体を終了させる」ということではなく、1つ1つの質問に対してのクロージングを意識します。

　インタビューで起きがちなのが「質問のしっぱなし」です。インタビューアーは限られた時間で多くの気付きを得ようと、ついつい質問のしっぱなし・立て続けの質問をしてしまうものですが、インタビューはあくまでFace to Faceのコミュニケーションです。1つ1つの質問に対して「なるほど、よくわかりました」や「ありがとうございます」のようなクロージング（質問に対する反応）を忘れないようにします。アイコンタクトを取りながらクロージングできると尚、よいと思います。

クロージング例

- -「なるほど、よくわかりました。」
- -「○○ということですね。」
- -「ありがとうございます。」
- -「確かに、そのような見かたもできますね。」

　インタビュースキルはコミュニケーションスキルです。インタビュー企画書を作り込んで、対象への知識と理解を前提にしながら、第一印象に気を配り、真摯な姿勢で、聴く・質問する・クロージングというスキルを活用する。そうすれば信頼関係が構築でき、よいコミュニケーションになるという当たり前のことですが、オンライン上のやり取りが主流となった時代においては、こうした原理・原則を実践することが難しい時代になっているのかもしれません。

インタビューの4つのポイント
4. フォローアップ

インタビューの最終ステップであるフォローアップとは、「インタビュー内容をインタビュー終了後にどのように活用したか」「活用した結果、どのような意思決定やアクションにつながったか」を協力者にフィードバックすることです。

インタビュー協力者には貴重な時間を割いてもらっている上、場合によっては本音に近い意見、センシティブな問題に踏み込んだ回答をくれたりしています。そのような協力者の善意に対して、フォローアップとして結果をフィードバックすることはビジネスマナーです。

結果を気にしない協力者はいません。立ち話でも構わないので必ずフォローアップを行いましょう。この丁寧なフォローアップが強固な信頼関係につながっていきます。

ビジネスパーソンの教養として理解いただきたいデータ収集の手法として、デスクリサーチ・インターネットリサーチ・インタビュー調査のポイントをお伝えしてきました。

求めている情報やデータを正確に収集することの奥深さと、ポイントの押えどころはご理解いただけたと思います。

インターネットリサーチにしろインタビューにしろ、何を聴くべきか？（アンケート項目やインタビュー項目）を考える際に重要なのが仮説思考です。

次章ではこの仮説思考の重要性をお伝えします。

第**4**章

仮説思考の重要性

仮説構築

仮説思考の重要性

　すべてのリサーチやデータ分析において、調査目的を意識するのと同じくらい重要なのが「仮説を考えること」です。仮説とは調査課題（知りたいこと）に対する仮の答え、という意味ですが、**仮説なき調査は失敗する**と言っても過言ではありません。

　前述した事例（→p.058・例2）の調査目的は「スナック菓子Aを実際に購入した人のプロフィール把握と購入理由の把握」「事前の想定ターゲットが購入していない理由の把握」でした。スナック菓子Aが購入されていない理由（非購入理由）に対する仮説がないとどうなるでしょうか。非購入理由には、それこそ

* 知られていないという認知の問題　　＊値段が競合他社より高め
* 店頭で陳列されていないという流通の問題
* 口コミの評判があまりよくない　　＊味が支持されていない
* パッケージデザインが魅力的でない　＊容量が足りない

　…など、さまざまな要因が考えられます。仮説がないまま非購入理由を把握しようとすると、これらすべてを広く浅く収集することとなり、結果として調査項目が膨れ上がるため調査のコストと労力が増大します。

仮説が立てられていると、どこに焦点を当てて調査すべきかの方向性が定まるため、**効果的で効率的な調査には良質な仮説構築が重要**です。

仮説の重要性

売上不振の理由を把握する必要があるので、取りあえず、調査しよう！

仮説がない
あらゆる情報を広く、浅く収集するしかない
課題を解決するための具体的な施策に落とせない

仮説がある
効率的な調査設計が可能となり、結果も活用しやすい
仮説によって課題の焦点を絞り込めるので、次のアクションに直結した調査結果が得られる

非購入理由の把握のために、いきなりお金をかけてインターネットリサーチを実施するのではなく、

　＊実際の店舗に行く

　＊身近な想定ターゲットに話を聞いたり、試しに買ってもらう

　＊デスクリサーチをしてターゲット層の反応をざっと確認する…　など
をしてみて、

「どうやら新しい味が、買う前に想像しにくく、商品を手に取ってもらえないようだ」

「CMで起用したタレントは、想定ターゲットからの好感度が低いかもしれない」

…など、非購入理由の仮説を具体的に考えることが重要です。

ここで気をつけなければならないのが、**「商品を手に取ってもらえないようだ」という仮説では不十分**という点です。仮に「商品を手に取ってもらえないようだ」という仮説から「あなたはこの商品を手に取りましたか？」

第4章　仮説思考の重要性　　107

という質問を作り「80％以上の人が手に取っていない」という結果だけを得られたとしても、何のアクションにもつながりません。

　非購入理由の仮説が「競合商品よりもパッケージデザインが目立っていないので、手に取ってもらえない」と考えた際も、多くの場合、このままの仮説では不十分です。

「競合と比較してパッケージデザインの色味が食欲をそそらないのでは？」
「パッケージに記載されている文字量が多すぎるかもしれない」のように、**デザインの具体的な箇所まで明らかにできるような、良質な仮説構築が**アクションにつながる結果を得るために必要です。

アクションにつながる仮説

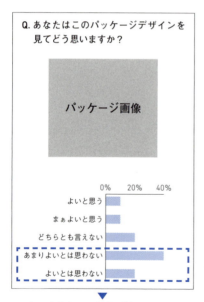

パッケージデザインの評価が低いことは把握できても、なぜ評価が低いのかまではわからない
⇒アクションにつながらない

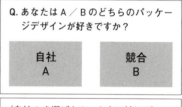

競合比較で、パッケージに記載されている文字量が多すぎることが問題だと特定できる
⇒改善アクションにつながる

良質な仮説とは

　良質な仮説を思いつく方策を考える前に、仮説についての理解を深めます。一般的に仮説は以下の2つに分類されるように思います。

現状仮説：現状はこのような実態になっているのではいかという仮説
戦略仮説：このような戦略・施策を実行すれば有効ではないかという仮説

　例えば、あなたがウイスキーのマーケティング担当者で、ターゲット拡大のため、女性のアルコール飲用実態を把握したいと思ったとき、以下のような仮説が考えられます。 例3

現状仮説の例

＊一番飲まれているアルコールはおそらくワインだが、以前より、ビールや焼酎を飲む女性は増えているのではないか？

＊ワインは日持ちしないから、結局ボトルを空けるしかないことに悩んでいる人が多いのではないか？

＊レストランやバーでの飲酒より、1人で家飲みの頻度は増えているのではないか？

戦略仮説の例

＊ビールや焼酎飲用者に対してハイボールの爽快感を伝えれば、トライアル意向が高いのではないか？

＊ウイスキーは開栓後も日持ちするので、コストパフォーマンスの訴求は女性にも刺さるのではないか？

＊家飲み需要を取り込むために、インテリアとして飾っておける女性受けするボトルがウイスキーにもあるとよいのではないか？

第4章　仮説思考の重要性　　109

これらはあくまで仮説であり、確からしさは調査をしなければわかりません。ただ、「仮説＝仮の答え」であるので、答えになる可能性が高い内容を考えなければ、ただの思いつきや当てずっぽうになってしまいます。

経験的な話ですが、深い思考を経ず、SNSで得た情報や他人から伝え聞いた情報をそのまま仮説にした場合は良質な仮説が少なく、調査から「示唆」を導くのは難しいように思います。

良質な仮説を生み出すためには、「インプットの量×質」を最大化することが重要です。

インプットの量×質

とかく現代は情報が氾濫しています。だからと言って、仮説構築に必要なインプットの量が十分かと言えば、そうではありません。

SNSやニュースアプリなどで得られるインプットは刹那的な情報（フロー情報）です。

日々の出来事やトレンドを浅く広くウォッチする目的としては非常に有意義なインプットですが、思考を伴う良質な仮説を生み出すためにはフロー情報だけでは不十分です。

フロー情報は基本的に、何かしらの事象や事柄を断片的に、早く伝えるのを目的としていることが多いため、その情報から該当テーマの全体像を把握することが非常に困難です。

調査実施の際に考えるべき現状仮説や戦略仮説は、一定の思考の深さが求められるものであり、そのレベルの深さで考えるためには該当テーマの全体像や構造、因果関係などを理解していなければなりません。

このような全体像・構造・因果関係を体系的に理解するには、体系的に整理された情報（ストック情報）を多面的に取り込む必要があり、具体的には該当テーマの書籍を3冊読むことが有効です。

同様のテーマを扱う書籍を3冊も読めば、共通して指摘されている重要なポイントがわかりますし、著者ごとに捉えかたが違いますから、テーマに対して多面的な視点を学ぶことができます。良書であれば全体像や構造などが丁寧に記載されています。

　筆者は少なくとも年に50冊程度はビジネス書を読んでいますが、3冊読めば、だいたいの視点やポイントを網羅できると感じています。3冊の書籍の中に、より多面的な視点を養うためにも1冊は主張の異なる書籍を入れることをお薦めします。

　例えばビットコインに代表される仮想通貨について、最近のWeb上では今後の浸透や活用に否定的な記事が目立ちます。

　その論調を鵜呑みにするのではなく、新しい基軸通貨誕生やブロックチェーン技術の可能性を主張するもの、リスクや弊害・虚像について指摘しているものなど、正反対の主張を唱える書籍を読み比べます。そうすることで、物事を多面的に捉られますし、自分の頭の中に考える物差しを手に入れられます。

　フロー情報とストック情報のインプットに加え、もう1つ重要なインプットの方法があります。それは、**人々の心を動かしているモノ・コトに直接ふれに行くこと**です。

　特に、広告・宣伝・マーケティングや新規事業・新商品開発に関わるビジネスパーソンなら、多くの人々の心を動かしている場所、店舗、商品、番組、映画など、さまざまなものに直接ふれることをぜひ心がけてもらいたいと思います。

　人々は誰もが、日々の生活を豊かに・楽しくしてくれるモノ・コトを求めていて、そういったものにお金を使いたいと思っています。

　私たち自身も仕事から離れると、根っこの部分では、そのような気持ちで何を買うかを決めていると思います。

第4章　仮説思考の重要性　111

ビジネスの目的は最終的に売上や利益を増加させていくことであり、リサーチ・データ分析・マーケティングなど、あらゆる活動の目的も突き詰めれば売上・利益の増大です。

　多くの人々の心を動かしているモノやコトは、大きなお金を生み出している可能性が高いわけですから、そこに必ずビジネスのヒントがあります。

　あなたのビジネスがB to CであってもB to Bであっても、人々がお金を払っているモノ・コトにふれ、ヒントや理由を体感することで、自分のビジネスの成長につながる種（仮説）を得られます。

　原宿のパンケーキが大人気であれば足を運び、ヨガやストレッチがブームになっていれば自分もやってみて、AIスピーカーに注目が集まっていたら家電量販店で使ってみる。興味のあるなしに関わらず、自分がその商材のターゲットであるかどうかも関係なく、とにかく「実際に行ってみる・やってみる」ということが大切です。

　実はこのようなアプローチにもきちんと名前がついており、学術研究の領域では「フィールドワーク」と呼ばれています。

　デスクリサーチにしろインターネットリサーチにしろ、収集できる情報は視覚的な情報（文字、画像、数値など）が中心であり、頭で論理的に処理できる性質の情報です。

　対してフィールドワークでは、**視覚的情報はもちろんのこと、音（聴覚）・匂い（嗅覚）・手ざわり（触覚）味（味覚）など、さまざまな性質の情報にふれ、五感（身体まるごと）で情報を収集する**ことでもあります。

　五感を使って情報収集すると、情報が断片的ではなく統合的に把握されるのです。

　机上のリサーチでは、各データが分断された状態で目に映り、手元でデータを加工してつなげたり削除したりしますが、実際の現場ではそれらデータは「事象」として統合された状態で表出します。その「ありのまま

の状態」を感じるのは気付きを得るため非常に重要なのです。

　私たちが日々頭で考えていることは顕在意識と呼ばれますが、この顕在意識は人間の意識の10％にも満たず、残りの約90％は潜在意識という無意識下で活動すると言われます。

　私たちは、生きていく中で数え切れないほど多くの出来事を積み重ねていますが、今、思い出せないこと、一度も意識しないことも、身体の中には潜在意識として蓄積されます。潜在意識は感情・直観・創造性の源とも言われますが、フィールドワークで五感を使ってインプットすると、顕在意識のみならず潜在意識にも多くの情報を蓄積することになりますから、直観力や創造性を育むと筆者は強く考えています。

　創造性がなければ良質な仮説構築もできません。**良質な仮説構築には、五感を使って身体で丸ごとインプットすることが大切です。**

　その際、「なぜ流行っているのだろう？」「この企画や仕掛けの意図は何だろう？」というふうに、消費者や企画者、それぞれの立場や気持ちを想像しながら問題意識を持って体感すると、インプットの量だけでなく質も高まっていくと思います。

今、注目される観察調査

　エスノグラフィー（ethnography）という言葉をご存知でしょうか。エスノグラフィーは、民族学、文化人類学などで使われる行動観察を中心とする研究手法です。ある民族の特徴を調査するため、生活に入り込み、長期間にわたって彼らの生活スタイルを観察、対話して、文化や行動様式を記録していきます。

　近年、この「エスノグラフィー」という手法がビジネスにおいて新しいニーズや課題を発見するための有効な方法として注目されています。

第4章　仮説思考の重要性　113

世の中の情報量は加速度的に増えており、商品やサービスのラインナップも多種多様になり、消費者自身が購買理由といった自らの行動を言語化することが非常に難しくなっています。

　潜在意識には多くの情報が蓄積されていますが、うまく言葉にできない言動や無意識的な言動を観察することで、インターネットリサーチやインタビューとは違う、新しい気付きが得られるのを期待されています。

　身近な例で考えると、電車や大型スーパーにいる際、「車内ではみんなスマホばかり見ていて広告が全く見られていないな」「以前よりも大量購買をする買い物客が増えている気がする。忙しい世帯が増えたからかな」ということに、ふと気が付くときがあると思います。これも非常にシンプルな観察調査と言えます。

　例えばあなたが「営業プロセスの抜本的な効率化を実現したい」と思ったら、複数の営業パーソンに一週間ほど張り付いて、彼らの行動を丸ごと観察してみて下さい。

　商談中、移動中、休憩中、席で作業中、ずっと隣でひたすら観察します。そして「この作業はいるのかな？」「何のためにやっているのかな？」と感じた瞬間があったら質問します。このような観察調査を実施すれば、必ず多くの仮説を得ることができるはずです。

　観察調査は多くの深い気付きが得られる一方で、時間や手間が非常にかかり、それをまとめ上げるには高いスキルが必要となる調査手法です。

　にも関わらず、いま改めて注目されビジネスシーンでの活用が試みられているということは、やはりあらゆるビジネス課題が複雑化していることの現れなのでしょう。

　筆者も営業プロセスの抜本的BPR（Business Process Re-engineering：業務内容やフロー、組織、ルールの再設計）を企図するプロジェクトにおいて、ベテラン・中堅・新人それぞれの営業担当に一週間張り付いて観察調査を行っ

た経験があります。自分自身が元営業だったこともあり、課題の仮説構築には自信があったのですが、

* 当時よりも想定以上に事務作業が増大しており、支援するシステム整備が追い付いていない
* 部門間の交渉・調整の時間がかなり増大している
* 情報管理体制の強化により、自宅や出先での作業が難しくなっており、生産性が落ちている
* 結果として、商談に避ける時間が減ってしまっている

　…など、自身の営業時代には顕在化していなかった課題に気が付きました。すべての観察調査を終えるのに1ヶ月近くかかりましたが、非常に有意義な示唆を得ることができました。ぜひ試してみて下さい。

アウトプットで仮説を深める

　フロー情報（WebやSNS）にストック情報（書籍や雑誌）、そして五感を使ってさまざまな情報をインプットしたら、**それらをもとにした仮説を、自分の言葉でアウトプット**します。

　アウトプットというとレポートなどのドキュメント作成を思い付くかもしれませんが、自分で仮説を書き出してみる、友人や同僚との会話やブレストで実際に伝えてみる、というレベルで構いません。

　大切なのは「きっと○○だから流行しているのだろう」「▲▲だから売行きが芳しくないのだろうな」というように、自分で考えた言葉でアウトプットすることです。

　最初に考えついた初期仮説を、「なぜ？　なぜ？　なぜ？」と繰り返し掘り下げていくと、より本質的な仮説に近づきます。

初期仮説を掘り下げていくプロセスは次のようなイメージです。

仮説の掘り下げ例　1

「スーパーで大量買いをしている人が増えているのは、忙しい共働き世帯が増えたからだろう」
↓
「共働き世帯が増えているのは**女性の社会進出が進んでいるから**だろう」
↓
「女性の社会進出が進んでいるのは、企業側の女性の採用・登用意識が変わってきたからだろう」
↓
「企業の側の意識が変わったのは、企業側の求人数の多さに対して求職者が不足しており、採用のみでは人材補填が間に合わなくなってきているからだろう。
↓
「企業側の求人数が多いということは、**業績好調な企業が多い**のだろう。」

となります。次に初期仮説は同じですが掘り下げかたが違う例を見ます。

仮説の掘り下げ例　2

「スーパーで大量買いをしている人が増えているのは、忙しい共働き世帯が増えたからだろう」
↓
「共働き世帯が増えているのは、**世帯主の収入だけだと生活が苦しいから**だろう」
↓
「世帯主の収入だけだと苦しいのは、一般的な 30 ～ 40 代会社員の昇給率が低下しているからだろう」
↓
「昇給率が低下しているのは、企業が設備投資や M&A を優先させていて、人へ投資する余裕がないからだろう」
↓
「人への投資ができないくらい、**企業経営に余裕がない企業が多い**のだろう」

となります。「業績が好調な企業が多い」「経営に余裕がない企業が多い」の２つは真逆の意味となる仮説ですが、それで問題ありません。

さまざまな可能性を考慮して仮説を深めることが重要で、どの仮説が正し

そうかということは、リサーチで**検証**すればよいのです。

こうした仮説の掘り下げは、ブログや投稿などのコミュニケーションより、会話に代表される Face to Face のコミュニケーションが適しています。会話なら肯定・否定・共感・無関心など、さまざまな反応（フィードバック）が得られますし、自分が思い付かなかった視点を得られる場合もあります。

多くのフィードバックを参考にして仮説を深めていけば、仮説の質がどんどん高まっていきます。

新規事業や新サービスの事業計画書を100人に見せたら、かなりの確率で成功するものに仕上がるという話に近い発想ですが、仮説の質を高めていくには壁打ち相手が必要です。

仮説が降りてくる瞬間

このようなインプット／アウトプットを繰り返していると、自ずと仮説思考や着想体質が育まれますが、突然「あぁ、こういうことかもしれない！」と良質な仮説やアイデアが湧いてくることがあります。「閃いた！」という瞬間です。

こうした閃きを得るには、該当テーマに関する絶え間ないアウトプットとインプットの繰り返しが必要で、それが私たちの潜在意識に閃きの土壌を創っているのだと思います。

残念ながら、直観的な感覚や意見は数値化できないため、ビジネスシーンでは軽視されがちです。しかし、直観は潜在意識に蓄積されている膨大なインプットがベースになっていると考えると、実はかなりの情報量をベースにした「根拠ある考え」と捉えることもできます。顕在意識として言語化されていないだけです。

仮説やアイデアの精度が、インプットの量と質に比例するならば、該当テーマに対して多面的なインプットをしている人間の閃きや直観（右脳的

アプローチ）は、頭で論理的に組み立てられた考え（左脳的アプローチ）よりも精度が高いかもしれません。顕在意識に蓄積されている情報は、潜在意識のそれよりも圧倒的に少ないからです。

現在はデータ・ドリブンな時代なので、数値・論理を重視する左脳的アプローチが重視されていますが、**ときには右脳的アプローチから入り、その閃きや直観を左脳的に根拠付けていくアプローチも必要かもしれません。**

この辺りの考えかたについては、諏訪正樹・藤井晴行『知のデザイン 自分ごととして考えよう』（近代科学社 2015年）や 石井淳蔵『ビジネス・インサイト』（岩波新書 2009年）で詳しくふれられていますので、興味があれば参考にして下さい。

仮説を調査項目に落とし込む

このように多彩なインプットをもとに仮説を構築したら、仮説を調査項目や選択肢に落とし込みます。

前述のウイスキー飲用のターゲット拡大の仮説（→p.109・例3）を例に取ってみます。

＊一番飲まれているアルコールはおそらくワインだが、以前よりも、ビールや焼酎を飲む女性は増えているのではないか？

　-アルコール種別（ビール、ワイン、ウイスキー、焼酎など）ごとの飲用頻度（毎日、週に1回、月に2〜3回など）

　-最もよく飲んでいるアルコール飲料

　-飲用頻度の増減（以前より増えた、以前より減ったなど）

　-1回あたりの飲酒量…など

＊ワインは日持ちしないから、結局ボトルを空けるしかないことに悩ん

でいる人が多いのではないか？

-容量の適切さ（720mlや750mlだと多いか、適切な飲み切り容量はどの程度か）

＊レストランやバーでの飲酒より、1人で家飲みの頻度は増えているのではないか？

-家飲みの頻度

-家飲み頻度の増減

-同居家族（1人暮らし、DINKS、子供○人など）…など

1つの仮説を検証するために必要な調査項目が1つとは限りません。仮説を調査項目に落とし込む際には「何を聞けば仮説を検証できるか？」ということを丁寧に考えてみてください。

最後に、「ルンバ」を題材として仮説を調査項目に落とし込む方法をご紹介しておきます。

仮説が正しいかどうかではなく、考えかたの参考としてご覧ください。

（あくまでも筆者の仮説例であり、実際の調査内容を反映したものではありません）

調査仮説を調査項目へ落とし込む：「ルンバ」

| 調査目的 | ルンバは発売以来、ロボット掃除機シェア No.1 で市場を牽引し続けており、2016 年 10 月末で販売台数が 200 万台を超えたという。この好調要因を把握したい。 |

調査仮説　　　　　　　　　　　　　　**調査項目**

現状仮説

＊既婚者のみならず、単身者にも購入されているのではないか
▶ 未既婚、同居人数

＊共働き世帯が増えていることによって、掃除機をかける時間を取れない世帯が増えているのではないか。したがって忙しい世帯の需要が増えているのではないか
▶ 職業、同居人の職業、子供の有無、家事に使える時間

＊購入検討のキッカケは実際に使っている知人の薦めが最も多いのではないか
▶ 購入検討のキッカケ（知人の薦めを選択肢に含める）

＊低価格帯の掃除機からの切り替者は、満足度が高いのではないか
▶ 利用満足度、以前の利用掃除機と価格帯

戦略仮説

＊カラーバリエーションを増やせば女性の購入意向が高まるのではないか
▶ コンセプト受容性 購入意向

＊店頭実演でダイニングテーブルやイスと一緒に実演したほうがよいのではないか
▶ 購入理由（店頭実演を選択肢に含める）

＊ゴミの吸引結果を可視化できれば、使用後の満足度がより高まるのではないか
▶ 吸引機能の満足度、コンセプト受容性

＊Pepper のような対話型の人工知能型ロボット掃除機は、富裕層に支持されるのではないか
▶ 年収、保有金融資産、コンセプト受容性

第 **5** 章

データを分析し、
アクションにつなげる

STEP5

分析・解釈

　ここからは、実際に収集したデータの分析・解釈についてお伝えしていきます。

　データ分析や解釈のポイントは、データの性質（定量、定性など）や量によって異なりますし、多くのアプローチがあるのでシンプルにするのは少し乱暴ではあるのですが、絶対に押さえるべき5つの視点があります。それは、**①分析目的　②比較　③構造・構成　④関係性　⑤分布**の5つです。

1.分析目的を明確にする

　分析を開始する際にも、分析によって「何を明らかにして、どのようなアクションにつなげたいのか？」という分析目的を明確にします。

　分析目的がはっきりしていないまま分析を始めると、分析すること自体が目的になってしまい、「分析結果から何のアクションも取ることができない」という事態に陥ります。

　右上の表は、ある企業のブランドイメージの調査結果（結果はダミー）です。「各社のイメージに当てはまる項目をすべてお選び下さい」という質問について、A～G社の7社の企業イメージを、自社顧客から回答してもらった結果だとします。

　A社のみ、昨年と比較できるグラフになっています。あなたがA社の企業広報担当者だとした場合、この調査結果からどのような示唆を見出しますか？

122

ある企業のブランドイメージ調査例

	1 グローバル企業である	2 伝統的な企業である	3 革新的である	4 技術力がある	5 将来性を感じさせる	6 安心できる	7 信頼できる	8 親しみやすい	9 優秀な人材が多い	10 社会に貢献している	11 個性的である	無回答
A社（2016）	44.1%	34.3%	17.2%	17.9%	11.1%	15.9%	11.6%	14.0%	33%	40.6%	8.4%	4.0%
A社（2017）	35.0%	34.5%	20.3%	18.1%	12.6%	15.4%	14.4%	12.7%	21.0%	47.2%	9.7%	4.0%
B社	17.8%	9.8%	26.3%	21.0%	12.6%	8.5%	5.8%	7.6%	5.8%	19.8%	13.7%	2.6%
C社	5.3%	11.3%	6.0%	3.3%	2.6%	2.6%	2.8%	2.2%	1.0%	6.9%	16.3%	1.2%
D社	4.6%	14.6%	2.2%	8.6%	1.4%	4.4%	3.3%	3.7%	15.0%	4.5%	15.7%	0.6%
E社	2.8%	0.7%	6.1%	1.0%	1.9%	1.3%	1.5%	1.9%	3%	3.3%	18.0%	1.3%
F社	1.7%	0.7%	6.2%	0.9%	2.1%	0.9%	0.6%	2.7%	1.7%	2.2%	17.5%	1.5%
G社	4.2%	1.7%	12.6%	4.5%	4.7%	2.5%	1.4%	4.5%	9.5%	5.6%	16.9%	1.3%

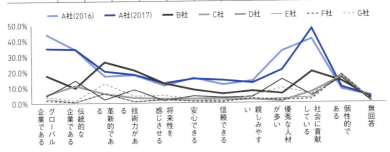

たった1枚の表・グラフですが、

* A社ブランドイメージの波形には大きな変化はなく、**全体的に競合よりスコアが高い**
* A社の「グローバル企業である」というイメージは**昨年から大きく減少**している
* A社の「革新的である」「技術力がある」の2つは**唯一B社に劣後**している項目
* A社の「将来性」「安心感」については昨年とスコアが**ほぼ同等で変動していない**
* A社の「優秀な人材が多い」は昨対比較で**最も下落率が大きい**項目
* A社の「社会に貢献している」は**昨年より上昇**し47.2%を獲得している

など、さまざまな気付きを得ることができます。しかし、このような気付きが列挙されているだけでは、分析目的の視点が欠けていると言わざるを得ません。

第5章　データを分析し、アクションにつなげる　123

A社が「規模も大きくなってきたので、社会に貢献している企業という認知をもっと獲得したい」という目標があるなら、「社会に貢献している」というイメージの上昇は、「一連のブランディング施策が奏功した」とポジティブに捉えられるかもしれません。

　一方、「いつまでも革新的な成長企業として認知されたい」ということなら、「革新的である」「将来性を感じさせる」がいずれも昨年から大きく伸びておらず、B社のほうが高いイメージを獲得しているので、「一連のブランディング施策は不十分だった」と捉える必要があります。この場合1年間実施したブランディング施策を一覧化して、各施策の何が課題だったのか（量・質・ターゲットetc）を洗い出すアクションにつながるはずです。

　非常に単純な例ですが、分析目的によってハイライトされるべき気付きやポイントが異なることを認識していないと、同じ調査結果をもとに分析しても、全く異なるアウトプットが出てきます。

　「何を明らかにして、どのようなアクションにつなげたいのか？」という分析目的を常に念頭に置いておくことが重要です。

分析目的を明確にするメリット

分析者A

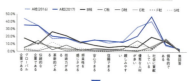

総じて競合各社より高い、あるいは同等のスコアを獲得しているので、ブランディングは成功していると言える

分析者B

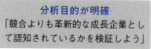

「革新的」「将来性」についてはB社より劣後している。またG社も革新性が評価されつつある。ブランディング施策の見直しが急務

2.比較軸を考える

分析視点で最も重要なのは、何と何を比較するかを決めることです。

最初に、「**商品A・B・Cの中で優先的に投資する戦略商品を決める**」という分析比較を例に考えます。 例4 　直近半年間の売上額・利益額の情報のみが収集されたデータを比較します。①

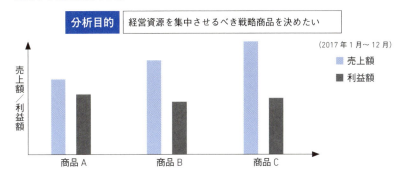

投資する商品を決める①

利益額が多い商品Aか売上額が大きい商品Cが投資候補になるでしょうか。どのような追加情報があれば分析目的を達成できるかを考えます。

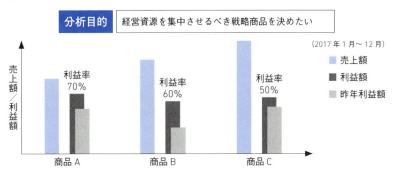

投資する商品を決める②

利益率と昨年利益額という情報が追加されました。②

利益率が高い順に商品A＞商品B＞商品Cとなっています。昨年からの利益額の伸びで言えば、商品B＞商品A＞商品Cとなっています。

この結果を見ると、伸びている商品Bに投資したくなるかもしれません。それとも絶対額が大きく利益率も高い商品Aでしょうか。

投資する商品を決める③

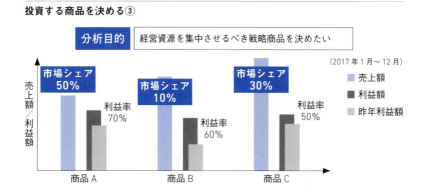

さらにターゲット市場におけるシェア率の情報が追加されました。③

シェアの高い順に商品A：50％、商品C：30％、商品B：10％となっています。

ランチェスター戦略によれば、多くの市場は主要プレイヤーが5社以上存在しているため、41.7％以上の市場シェアを獲得すれば首位独走が可能になると言われています。

一方、顧客の中でベンダーの使い分けが固定化してくるため、40％前後の市場シェアを高めていくことは容易ではありません。

このようなことを考慮すると、現在のシェアは低い商品Bが有力候補となってきます。

投資する商品を決める④

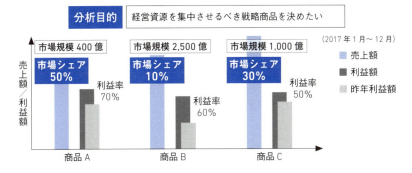

最後にターゲット市場の市場規模を追加しました。④

市場規模の観点から商品Bへの投資は大きなリターンが見込めそうです。実際は競合商品との差別化・顧客ニーズなど3C分析の結果などを踏まえて総合的に意思決定しますが、**情報が増え、比較可能な視点が増えれば増えるほど、分析の精度が高まる**ことが実感できるかと思います。

比較の視点

項目間比較	・会社間（競合やベンチマーク企業）、部門、製品、ブランド ・属性（性別、年齢、居住地など） ・使用頻度（ヘビー / ミドル / ライト、使用 / 未使用） ・総合指標（使用満足度、ロイヤリティ、推奨意向） ・消費者の購買プロセス
時系列比較	・昨年 / 前年同四半期、前四半期 / 前月 ・キャンペーンの事前と事後 ・直近1年間（LTM：Last Twelve Month） ・蓄積された過去の結果（ノルム値→ p.134）
全体と部分	・シェア ・構成比 / 構成要素 　⇒例えば課題が「○○する人を増やす」の場合、「○○していない人」までを含めて全体と考える

分析の成否は比較の視点で決まる！

第5章　データを分析し、アクションにつなげる

このように「何と何を比較するのか決める」ということが、シンプルでパワフルな分析を実現するための要諦です。比較の視点はそれこそ無数にありますが、一般化すると項目比較・時系列比較・全体と部分の比較の3つに整理することができます。

項目比較でクロス集計表を活用する

　項目比較の視点は会社間・製品間・性別・年代・満足度スコアなど無数の視点がありますが、クロス集計表を活用して年代間の比較を見ます。

情報収集メディアの年代別クロス集計表

例　情報収集に使う媒体【MA】

表頭
年代を比較する場合は縦↓に見る

年代の特徴を見る場合は横→に見る

表側（クロス軸）

	人数	新聞記事	新聞広告	雑誌記事	雑誌広告	インターネット
全体	500	27.5	27.6	29.6	26.1	27.2
20代	125	10.2	15.3	28.3	26.3	56.1
30代	125	21.9	28.1	31.8	37.1	32.8
40代	125	32.5	34.7	36.9	27.7	14.9
50代	125	45.3	32.3	21.5	13.2	5.0

(人)　　　　　　　　　　　　　　　　　　　　　　　　(%)

※数表に使用しているデータは全てダミーです。

　図は「情報収集に使うメディア」を年代別にクロス集計表（クロス表）としてまとめたものです。

　クロス表の縦のラインを「表側（ひょうそく）」、横のラインを「表頭（ひょうとう）」と呼びます。

クロス表の結果を分析する際の基本的なポイントは、全体の数字を読み込んだ後、年代内の特徴を確認したい場合は横に、年代ごとの比較をしたい場合は縦に結果を読みます。

図を見ると、全体値では情報収集に使われているメディアはほぼすべての項目が27%前後であり、大きな違いはありません。

ただし、20代に注目すると、一番接触しているのはインターネット（56.1%）で、二番目は雑誌記事（28.3%）、新聞記事は10.2%と最も低い接触率となります。

一方、新聞記事に注目すると、一番接触しているのは50代（45.3%）で、年代が上がるごとに接触率は高まっています。

ここで例題です。あなたはこのクロス表をどのように読みますか？

サプリメントの興味度に関するクロス集計表

Q. ●●のような特長をもったサプリメントについて、どの程度興味がありますか？

全体よりも10p以上高■ 全体よりも10p以上低■		上段：N 下段：%	興味がある	やや 興味がある	あまり 興味がない	興味がない
全体		1442	98	519	624	201
		100%	6.8%	36.0%	43.2%	14.0%
割付セル	サプリメント現利用者	206	56	136	13	1
		100%	27.4%	65.8%	6.3%	0.5%
	サプリメント非利用者	412	5	129	179	99
		100%	1.3%	31.3%	43.4%	24.0%
	サプリメント利用中止者	824	36	255	432	101
		100%	4.4%	30.9%	52.4%	12.3%

第5章　データを分析し、アクションにつなげる　129

（回答例）

①全体値を見ると、「あまり興味がない」が最も高く43.2%。次いで「やや興味がある」で36.0%。

②現在のサプリメント利用状況ごと（比較軸）に見ると、現利用者は、TOP2のスコア（「興味がある」「やや興味がある」と答えた人の合計）が90%以上と非常に高く、全体と比較してもそれぞれ10ポイント以上高いスコアになっている。

③非利用者（過去にサプリメントを摂取した事がない人）はBOTTOM2（「あまり興味がない」「興味がない」と答えた人の合計）のスコアが60%以上であり、「興味がない」は全体と比べて10%以上高くなっている。中止者（以前サプリメントを摂取していたが今はしていない人）は、全体と近い傾向になっている。

このように、数値が語っている客観的な情報を「Fact（事実）」と言います。Factに基づいてさらに分析・解釈を進めると、

＊この新しいサプリのコンセプトは、現在のサプリ利用者の興味喚起には有効だが、非利用者・中止者の興味喚起の効果は薄い

＊特に非利用者は「興味がない」が24%もあるため、このサプリメントの新規獲得の見込みは低い

＊新規サプリメントの開発が、現利用者の併売促進を狙っているなら、この結果はポジティブだが、サプリ市場の拡大を意図した新規ユーザー獲得が目的なら、その実現は難しそうだ

と解釈されます。この解釈をFindings（気付き）と言います。**クロス表の読み込みにおいては、Fact発見で終わらせず、このFindingsまで深めることが重要です。**

消費者の購買プロセスごとの比較

もう1つ例を見ます。前述した消費者購買プロセスのメンタルモデル「AISCEAS」（→p.078）を例に、比較の有用性を考えます。

グラフはある商品の購買プロセスをリサーチした結果です。

購買プロセス別の比較

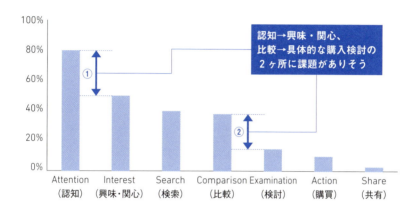

この結果の分析からわかるポジティブな側面は、「80％という高い認知率を獲得しているので、ターゲットにリーチはできている」「商品を具体的に検討した人の多くが購買に至っているので、商品が正しく理解されれば購入される確率が高い」ことです。

一方、「①認知したけれど興味・関心につながっていない人」「②検索して比較までは行ったものの、具体的な検討には進まなかった人」が多いことも確認できます。①であれば認知施策のメッセージやクリエイティブがターゲットに響いていない、②であれば競合商品のほうが、商品詳細を伝えるアプローチに優れ、見込み客が流れているかもしれない、という解釈が可能となります。このように一口に項目間比較と言っても、製品の利用状況や購買プロセス別など、得られるFindingsは多種多様になります。

全体と部分の比較

　全体と部分の視点で比較する際に重要なのは、「何を全体として捉えるか」ということです。例題を見てみましょう。ブランドCとブランドDの認知度と好意度についての分析です。①

ブランドごとの認知度・好意度①

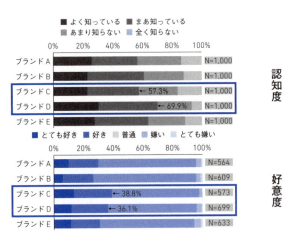

【Fact】

　認知度：ブランドCのTOP2スコア（よく知っている・まぁ知っている）は57.3％、ブランドDは69.9％で、ブランドDの認知率が12.6％高い。

　好感度：一方、好感度はブランドCがTOP2で38.8％、ブランドDが36.1％でブランドCの好感度が2.7％高い。したがって市場で認知されているのはブランドDだが、好感を持たれているのはブランドCだとわかった。

　実はこのFactには誤りがあります。ブランドの好意度を聴取する場合、一般的に「ブランドを認知している人」に絞り込んで質問します。前述の好意度はブランド認知者ベースのスコアで、ブランドCは573人、ブランドCは699人と回答者数が違います。したがって「**市場での好感度を把握**

するには、非認知者を含めた全体での比率を算出」しなければなりません。

ブランドごとの認知度・好意度②

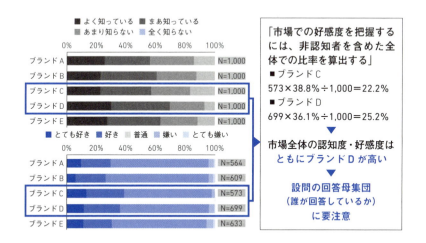

ブランドC：
573（ブランドCの認知者）× 38.8%（好意度TOP2）÷ 1,000（全体）= 22.2%

ブランドD：
699（ブランドDの認知者）× 36.1%（好意度TOP2）÷ 1,000（全体）= 25.2%

　ブランド非認知者を含めた全体ベースでの好意度を集計すると、ブランドCは好意度22.2%・ブランドDは好意度25.2%となり、**市場全体の認知度・好感度はともにブランドDが高い**というFactになります。②

　クロス表に限らず、さまざまな数表やグラフは回答者や集計範囲が絞り込まれた状態で活用されることが多いので、分析する際は必ず、「誰が回答していて誰が回答していないのか」「集計範囲はどうなっているか、全体はどれになるのか」を確認して下さい。全体だと思っていた集計範囲が部分である場合、FactやFindingsが異なってしまうので注意します。

時系列比較ではノルム値（Norm）が重要

　別の分析視点として時系列比較があります。時系列比較は時間の経過という視点から分析していくアプローチです。

　前年・前四半期・前月の売上、獲得顧客数の増減比較、キャンペーンの事前・事後での認知度の変化は、よく実施される分析ですが、特に重要なのがノルム値を活用した分析です。**ノルム値とは、過去の結果の積み重ねによって策定された基準値です。**「ある新商品のコンセプト受容性がTop2（「購入したい」＋「まぁ購入したい」などポジティブな回答の合計）で80％だった」「顧客満足度調査のTop box（「購入したい」など最もポジティブな回答）が30％だった」という事実のみでは、その結果が高いのか低いのか、よいのか悪いのか判断できません。そんなときに活躍するのがノルム値です。

　例えば数年前からコンセプトの受容性を同じ調査項目で聴取しており、その結果が次のように蓄積されていたとします。

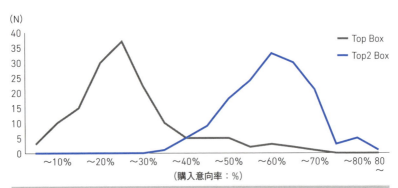

新商品のコンセプト受容性調査結果のノルム値

　この例でのTop Box（購入したい）は、25％を頂点とした分布で、Top2

Box（購入したい＋まぁ購入したい）は60％を頂点とした分布になっています。前ページのTop2は80％なのでノルム値と比較するとかなり高い結果です。

　購入意向が80％以上を獲得していた過去商品の売上結果を確認し、その商品が成功を収めていれば、「今回の新商品コンセプトも成功するかもしれない」と解釈できます。リサーチをしっかり実施している企業の多くは、商品カテゴリーごとにノルム値を蓄積して意思決定に活かしています。

　ノルム値は、購入意向などの指標のみならず、広報なら認知率やブランドイメージ、人事なら退職率や退職理由、カスタマーサポート部門ならサポート対応の満足度など、ビジネスのあらゆるシーンで活用できます。ノルム値という時系列で蓄積されたデータは、比較分析をする際、大きな価値を生み出してくれますが、データの蓄積は非常に時間がかかり、比較データとして価値が出てくるまで少なくとも2年は必要です。必要だと思ったらまずは蓄積を始めてください。

3.構造・構成を考える

　分析の視点として「比較」と併せて活用したいのが、「構造・構成を確認すること」です。

　前述の事例（→p.125・例4）で商品Bに対して戦略的に投資することが決まったとします。商品Bの拡販にあたり、誰に・何を・どのように販売していくべきかを明らかにするには、さらなる分析が必要です。

＊どんな人々が商品Bを購入しているのか？
＊どのチャネルでよく売れているか？
＊商品Bの購入理由はどうなっているのか？

など、商品Bの売上構成要素を分解していくイメージです。

商品購入者の構成を確認する

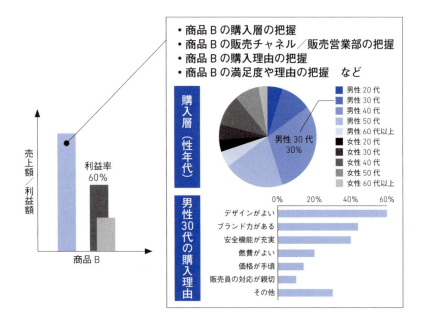

　図から商品Bの購入者は、男性が70％で、男性30代が30％と最も多い層ということがわかります。男性30代の購入理由を確認すると、デザインとブランドが評価されているので、男性30代の拡販を強化するあたって、

＊「デザインのよさ」を訴求する広告・宣伝活動やクリエイティブ制作
＊ブランドの世界観を表現した展示ブースや実店舗の増設を検討

という施策が考えられます。
　商品ごとの売上比較を行った後に、その商品の購入者属性や購入理由などの構造・構成を明らかにしていくのはよくある分析の流れです。覚えておきましょう。

4.関係性に着目する

より深い分析が必要な際、分析視点としてそれぞれの数字が与え合う関係性を確認すべきときがあります。関係性は、「相関関係」「因果関係」「単なる偶然」の大きく3つに分類されます。

相関関係

相関とは身長が高い人ほど体重が重くなるというように、2つの項目間に関係があることを示すものです。この2つの項目の関係性の強さを測るのが相関分析という手法で、相関分析によって相関係数（一般的にrと示されます）と呼ばれる客観的な指標が算出されます。

相関係数rは「$-1 \leq r \leq 1$」の範囲に収まりますが、1に近づくほど「強い正の相関がある」と言い、-1に近づくほど「強い負の相関がある」と言えます。また、0に近づくほど「弱い相関（あるいは無相関）」となり、2つの項目間の関係性はほとんどないと考えます。

【相関係数の解釈例】
　　0〜±0.2：ほとんど相関関係がない
　　±0.2〜±0.4：やや相関関係がある
　　±0.4〜±0.7：相関関係がある
　　±0.7〜±1.0：強い相関関係

相関関係

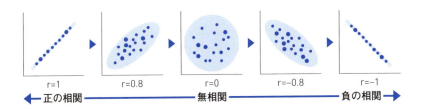

相関関係をわかりやすく表現したものが散布図です。以下は小学生30名の国語・英語・算数の成績表と国語との相関係数をまとめた表です。

国語と英語の相関係数は0.77ですから「国語と英語には強い相関関係がある」というFactが確認できます。

再三お伝えしているとおり、分析をFactで終わらせてはいけません。「国語と英語はともに語彙量・文法理解・読解力などが重要という点が共通しているので成績に相関があるのだろう」というFindingsまで深めることが重要です。

散布図①

N	国語	英語	数学
SP1	9	9	9
SP2	6	5	8
SP3	6	6	5
SP4	8	7	6
SP5	7	10	6
SP6	4	4	7
SP7	5	5	2
SP8	3	4	2
SP9	6	5	4
SP10	6	6	6
SP11	7	6	3
SP12	4	3	5
SP13	3	4	8
SP14	6	7	6
SP15	7	5	7
SP16	7	8	7
SP17	6	6	6
SP18	8	8	6
SP19	6	6	7
SP20	6	4	5
SP21	4	6	7
SP22	6	4	4
SP23	4	4	9
SP24	8	6	7
SP25	6	5	6
SP26	9	10	9
SP27	5	5	5
SP28	6	6	3
SP29	8	7	6
SP30	8	8	8
国語との相関	—	0.77	0.29

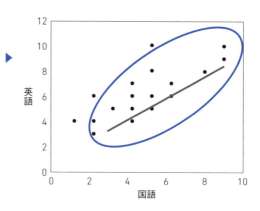

散布図

例えば通信簿のスコアで「国語」と「英語」には相関がありそう

次の例を見ます。同じテストの英語の成績と小学生の身長を散布図にまとめてみました。この散布図では身長と英語にも強い相関があるように見えます。ただし「身長と英語の成績に相関がある」という分析結果には違和感がありませんか？

散布図②

N	身長	英語
SP1	155	9
SP2	140	5
SP3	142	6
SP4	141	7
SP5	160	10
SP6	135	4
SP7	140	5
SP8	145	4
SP9	143	5
SP10	147	6
SP11	150	6
SP12	135	3
SP13	138	4
SP14	156	7
SP15	150	5
SP16	158	8
SP17	149	6
SP18	157	8
SP19	148	6
SP20	142	4
SP21	151	6
SP22	136	4
SP23	137	4
SP24	146	6
SP25	142	5
SP26	162	10
SP27	144	5
SP28	144	6
SP29	153	7
SP30	157	8

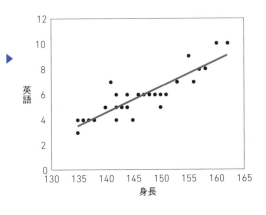

散布図

「身長」と「英語」にも相関がありそう

実はこの成績表と身長の表ですが、小学生といっても1年生〜6年生までの成績がランダムに記載されたものです。とすると身長が高い＝高学年である（年齢が高い）ということであり、高学年であれば当然英語学習が進んでいますから、同じテストを受けたら成績がよいのは当たり前です。

英語の成績と相関していたのは学年（年齢）であり、身長ではありません。このように、**身長と英語のような見せかけの相関を擬似相関と言います**。

相関と見せかけの相関（疑似相関）①

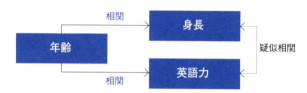

　見せかけの相関以外にも注意すべき視点があります。例えば「朝食を毎日食べている子供は成績もよい」という結果が得られたとして、この結果を鵜呑みにして「ウチも朝食を毎日食べさせよう」と考えるのは短絡的です。朝食を食べること自体はおそらく健康によいのでしょうが、英語の成績に直結しているとは思えません。

相関と見せかけの相関（疑似相関）②

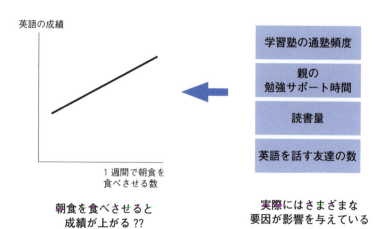

少し考えを深めると、朝食を毎日食べる規則正しい生活をしている家庭は教育熱心な家庭が多いかもしれない。であれば、当然塾にも通っていて一週間の勉強量は多く、これまでに読んできた本の量も多いだろう。親が子供に勉強を教える時間も平均的な家庭より多そうだ、英語を話す友達がいるかもしれない…というように、英語の成績に影響を与え得る変数が次々と浮かんできます。

　これらの変数それぞれが、「英語の成績とどれだけ相関があるか？」を確認しなければ、本当に英語の成績向上につながるアプローチはわかりません。英語の成績向上と相関がある変数が複数あり、さらに相関の強弱がそれぞれで異なる場合は、最も影響が大きい変数が何かを絞り込むことが重要です。

　1つの目的変数（英語の成績）と複数の説明変数（通塾頻度、勉強量、読書量など）の関係性を明らかにして、最も影響が大きい変数を明らかにする分析手法を「重回帰分析」と言います。

　前述の1つの目的変数（英語の成績）と1つの説明変数（年齢）の関係性を明らかにする分析手法を「単回帰分析」と言います。

　実際のビジネスでは、さまざまな要因が複雑に絡み合って課題や結果が表出しています。単回帰分析で説明できる事象などほとんどなく、正しく理解するには重回帰分析が必要となるのですが、単回帰分析の結果のみで、特定施策の有用性が主張されているケースが散見されます。

　なお、重回帰分析を個人で実施するのは難しいため、このような分析課題が発生した際は調査会社に相談するのもよいでしょう。

　ある時期たままた相関を示したものの、再現性がない関係は「単なる偶然」です。単なる偶然かどうかを検証するには時系列比較が有効です。

　特定の瞬間で確認できた相関を、翌月・翌々月・翌年…と時系列で再現性を確認することで、偶然なのか相関なのかを判断できます。

第5章　データを分析し、アクションにつなげる　141

因果関係

　因果関係は相関関係とよく混同されますが、相関関係＝因果関係ではありません。

　因果関係とは変数間に相関関係があるのに加え、Aという原因があってBという結果が起きる関係のことです。矢印の方向は必ず、原因→結果の一方向となります。

　前述の小学生のテストの例で言えば、国語と英語の成績表には相関関係はありますが、「国語の成績がよかったことが原因で英語の成績がよくなった」のか「英語の成績がよかったことが原因で国語の成績がよくなった」のかはわかりません。

　国語力で培った基礎力（原因）が英語力の向上（結果）にも役立ったと言えるかもしれませんが、少なくともデータはそれを語っていません。相関関係があれば必ず因果関係があるというわけではないのです。

　因果関係成立のポイントは次のように整理することができます。

　因果関係が成立する条件

　①相関しており、再現性がある（単なる偶然ではない）

　②見せかけの相関ではない

　③因果の流れが一方通行で、原因が結果より前に発生している

　実ビジネスの現場においては、A→BあるいはB→Aのように2つの変数で因果が完結していることはありません。A→B→C→D→E…のように、原因と結果の連鎖が連綿と続いています。

　例えばある企業で高い離職率が大きな課題となっており、月間残業時間の量と離職率の相関関係が確認されたとします。

　では残業時間と離職率に因果関係はあるでしょうか。ビジネスパーソンなら誰しも残業時間が少ないほうがよいでしょうし、働き方改革の気運が

高まっている現代なら「因果関係がありそうだ」と自然に考えるでしょう。

実際に離職した社員へのインタビューやアンケートから、次のような離職理由の集計結果が得られたとしたらどうでしょう。

離職理由

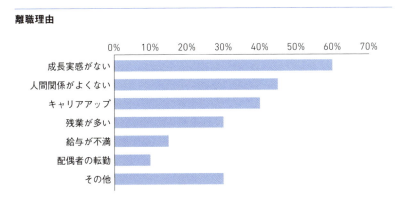

離職理由の上位2つは「成長実感がない」や「人間関係がよくない」で、3位は「キャリアアップ」という前向きな理由でした。「残業が多い」は4位と思ったより上位ではありません。

この「離職理由」と「残業時間と離職率の相関」という事実を組み合わせると、「残業時間はもちろんだが、離職率に影響しているのは成長実感や人間関係という別の理由が大きいかもしれない。残業が多くても、日々、成長実感で満たされていたり、職場の人間関係が良好なら、離職は抑制できるかもしれない」と考えられます。

ここで、社員の「成長実感がない」「人間関係がよくない」というスコアの高低と離職率にも相関が確認されたと仮定します。

離職理由の裏側には、それぞれを引き起こしている原因があります。例えば、成長実感がないのは毎日同じ仕事ばかりしているからで、毎日同じ

仕事ばかりしているのは、部門内に新しい仕事が生まれていないから…というように、部門内に新しい仕事が生まれていないのは部門自体が成長していない。つまり、責任者が自部門の組織力向上や役割拡大を怠っているから…と行き着けば、部長のミッション設定を変更することで**離職率**を抑制できるかもしれません。この例で言えば、「責任者が部門を成長させていない」という原因がボトルネック（結果の主要因）です。

　ビジネスの課題解決で重要なのは、相関関係の裏側に隠れている因果関係を発見し、ボトルネックにアプローチすることです。因果関係を遡る際に重要なのは仮説思考です。「Yの原因はXで、Xの原因はWなのではないか？」というふうに、これまでに得られた情報から原因の仮説を考えて遡っていきます。関係性に着目する分析のポイントは、相関関係を発見し、相関関係の裏側にある因果関係を見極めていくことです。

因果関係とボトルネック

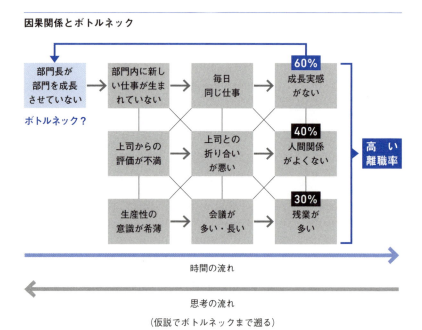

5.分布を確認する

　分析の視点として最後にお伝えするのは「分布を確認すること」です。
　データがさまざまな数値を取ることを「分布する」といい、集団の特徴を分析する際には、データの分布を比較することが重要です。
　次のグラフのように、**左右対称で平均を中心に持ち、釣鐘や富士山のような形をしているカーブの分布を正規分布**と言います。

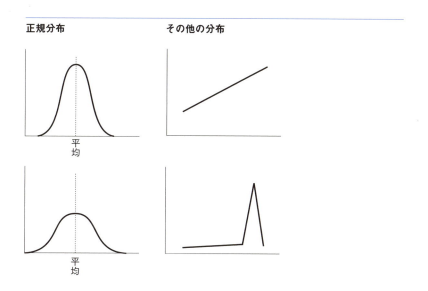

　正規分布はマーケティング業界でよく活用されています。正規分布以外にも頻出する分布はいくつもありますが、変数同士が比例関係にあるものや、一地点のみ数字が極端に変化する分布などです。
　それぞれのデータ数がともに1,000で同じであったとしても、分布の形を見れば、全く違う特徴を有した集団であることが確認できます。
　集団の特徴を伝える際によく使われるのが「平均値」です。この平均値

は大きなミスリードを誘発するリスクがある値でもあります。

平均値の罠

具体的に見ていきます。筆者が男性会社員に対して毎月のお小遣い金額に関する調査を実施し、平均お小遣い金額が75,000円という結果を得られたとしましょう。「え、7万円？ 多くない？」と違和感を覚えた方がいるかもしれません。この調査結果から得られたお小遣いの金額分布をグラフ化すると次のようになりました。

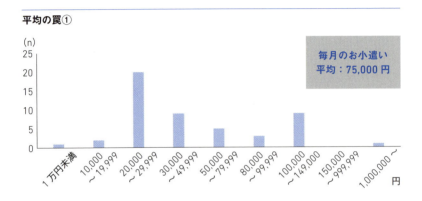

平均の罠①

お小遣い金額は2万円台が圧倒的に多くて20人。次に30,000〜49,000円と100,000〜149,000円が同数で9人。この3つの範囲に入る人は合計38人で、全回答者50人のうち約70％以上になります。

にも関わらず、平均値は75,000円になってしまいました。75,000円は50,000円〜79,999円のレンジに入りますが、該当者は5名しかいません。

ではなぜ、お小遣い金額が平均75,000円という結果なのでしょうか。グラフをよく見ると、100万円以上と回答した人が1名います。「羨ましすぎる」と思うのではなく、あまりに金額が高すぎるので実データを確認して

みると、120万円は12万円の誤りだったことがわかりました。120万円という1つのデータが全体の平均値を大きく底上げしていたのです。実データには数値の記入間違いなどで異常値（外れ値と言います）が紛れ込むことが多々あります。外れ値は平均値を大きく歪めます。

120万円を12万円として計算し直すと平均は53,400円となり、数字が2万円も変化しました。

では「平均53,400円」という数値は、この集団の特徴を表す数値として適切でしょうか。50,000～79,999円のレンジに入る人は5人しかいません。この集団の特徴はボリュームゾーンが「らくだのこぶ」のように20,000～29,000円と100,000～149,000円と2つあることだと言えそうですから平均53,400円は、この集団を代表する数字としては相応しくありません。

平均の罠②

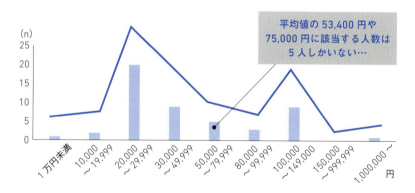

このように、平均値75,000円や53,400円は50名のお小遣い分布を正しく表しているとは言えないにも関わらず、「平均値」という数字が独り歩きすると、あたかもお小遣い75,000円や53,400円前後の人が最も多く存在している印象を与えてしまうものです。これが平均値の罠です。

第5章　データを分析し、アクションにつなげる　147

集団の特徴を表す数値として、以下のような場合に平均値は適さないということを覚えておきましょう。

平均の罠が発生する要因
　＊分布が正規分布（あるいはそれに近い分布）にならないとき
　＊外れ値が含まれているとき

　平均値以外にも集団の特徴を表す値はいくつもあります。集団のデータの中心を表すものを「代表値」といい、データの散らばり（分布）を表すものを「散布度」といいます。データを要約する際には代表値と散布度で示すことが多いのですが、実務で必要な基礎知識としては、代表値を理解しておけば十分だと思います。

代表値と散布度

代表値	散布度
データの中心を表すもの 平均値・中央値・最頻値	データの散らばりを表すもの 分散・標準偏差 範囲・四分位数

平均値
　実は平均値の中にもさまざまな種類があります。（　　）内のアルファベットは、算出する際に活用するExcel関数です。

　＊算術平均：一般的な平均（AVERAGE）
　＊加重平均：ウェイトを加味した平均（SUMPRODUCT）
　＊幾何平均：倍数の平均。年平均伸び率など（GEOMEAN）
　＊調和平均：速度の平均などで利用（HARMEAN）

算術平均（単純平均）と加重平均

算術平均はイメージしやすいように本書では「単純平均」と呼びます。代表値として最も活用されている値ですが、誤用が多いのも実態です。特に、本来加重平均を算出すべきときに、単純平均が利用されてしまっているケースがあります。

	販売個数	平均単価
商品 A	100 個	60 万円
商品 B	50 個	40 万円
商品 A ＋ B	150 個	???

合計の平均単価を単純平均で算出すると50万円［(60万円+40万円)÷2］ですが、販売個数の違いによる重み付けが反映されていません。単価が高い60万円の商品のほうが多く売れているので、全体の平均単価も50万円より高くなるはずです。こうした際に活用するのが加重平均です。

加重平均

$$\frac{100 個 \times 60 万 + 50 個 \times 40 万}{100 個 + 50 個} = \frac{8000 万}{150 個} = 約53.3万$$

	販売個数	平均単価	売　上
商品 A	100 個	60 万円	100 個× 60 万＝ 6,000 万
商品 B	50 個	40 万円	50 個× 40 万＝ 2,000 万
商品 A ＋ B	150 個	8,000 万÷ 150 個＝ 53.3 万	8,000 万

加重平均を使って計算したところ、平均単価が53.3万円となり、単純

第 5 章　データを分析し、アクションにつなげる　149

平均より約3万円数字が変化しています。ビジネスにおいて単価が50万円と53万円（50万円に対して単価6%アップ）は大きな違いです。

幾何平均と単純平均

かけ算で変化していくような数値の平均変化率を求めるには、幾何平均（相乗平均）を用います。売上成長率や預金の利子率などでよく使われます。

例えば、ある企業の3年間の売上成長率がそれぞれ昨年対比で＋10%、＋30%、＋50%だった場合の平均成長率（CAGRと言います）はどうなるでしょうか。

ここで単純平均を使って30%［(10 + 30 + 50) ÷ 3］と計算してはいけません。幾何平均を用いる必要があります。

幾何平均とは、対象データ（ここでは売上成長率）の値をすべて掛け合わせ、データ数でルートを開いたものです。式にすると次のようになります。

幾何平均はExcel関数のGEOMEAN（1.1,1.3,1.5）で算出可能

$$\sqrt[3]{1.1 \times 1.3 \times 1.5} = 1.289\,(+28.9\%)$$

3年間の平均成長率は28.9%となり、単純平均の30%より1.1%数値が小さくなります。計算の性質上、幾何平均は単純平均よりも数字が必ず小さくなります。

このように平均と言っても、単純平均・加重平均・幾何平均のどれを用いるかによって数字が変わってしまうため、適切な使い分けを心がけてください。

中央値

　測定値を小さい値から大きい値へと順番に並べたときに中央にくる値を「中央値」と言います。データ分布がどのような形だったとしても、中央値は影響を受けないので、外れ値に強いという特徴があります。一定の割合でデータが増減するような分布の集団把握においては、中央値が説得力を持つケースが多くなります。データ数が偶数のときは、中央前後の値の平均値を算出します。

中央値

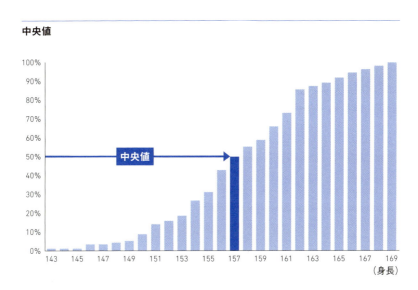

最頻値

　測定値をカテゴリに分けたとき、最も数の多い（頻度の高い）データを「最頻値」と言います。中央値と同様に外れ値の影響は受けませんが、次ページの図では「一番多かったのは身長156cmの人」ということのみが言える数値です。特定の値のみが突出して多い分布において有効です。

最頻値

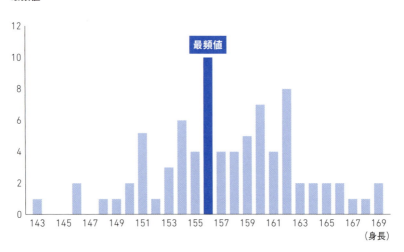

　代表値は「集団の特徴を1つの数値で表すもの」ですが、1つの数値で集団の特徴や分布をすべてを表すには無理があります。正規分布では、平均値・中央値・最頻値がすべて一致しますが、実際のデータはさまざまな分布を取るので、代表値の活用を誤ると誤解を招きます。代表値はあくまで参考情報で、多面的な分析の1つの視点として活用します。

代表値の使い分け例

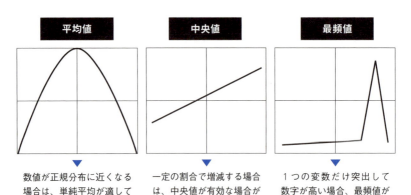

最後に、数字や調査結果を用いなくても効果的な分析を行うことができるという例をご紹介します。

　部下をお持ちの方であれば常々、部下のスキルアップやモチベートをどのようにすればよいかということに悩まれていると思いますが、「仕事のやりがい」を次のようにベン図でシンプルに説明できます。

ベン図の活用　仕事のやりがい

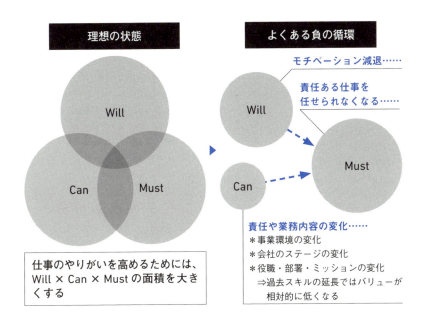

　「仕事のやりがいを高めるためには Will（やりたいこと）× Can（できること）× Must（やらなければならないこと）が交わる面積を大きくすることだ」と言われます。一方、モチベーション減退により Will が小さくなり、事業環境の変化に合わせたスキルアップを怠っていたことで自身のバリュー（Can）が相対的に低くなり、結果的に責任ある仕事（Must）が任せられなくなる、という負の循環が発生することがあります。

例えば英語やプログラミングスキルは、10年後に入社してくる新入社員には当たり前の素養になっているかもしれませんし、AIはパターン化された単純作業を人間から奪っていくでしょう。

　今、40代・50代のビジネスパーソンが10年後にそういった新世代と同じ土俵で戦うシーンは少ないと思いますが、20代・30代はそうはいきません。

　そのような時代においてセルフモチベート・スキルアップを怠るとどうなるか…という話をベン図で説明します。「もしかしたら自分も負の循環に陥っているかもしれない…」とドキッとした方もいらっしゃるのではないでしょうか？

　もし読者の中でこのベン図から危機感を感じ、自身のスキルアップやセルフモチベートの努力を始めた方がいるなら、この分析は人を動かしたパワフルな分析だったと言えます。数値や調査結果は一切使っていません。

　分析で重要なのは意思決定やアクションにつながるアウトプットを作ることです。数字を活用することだけが分析ではないと覚えておいて下さい。

　ここまで分析で絶対に押さえるべき5つの視点をお伝えしました。すべて分析の基本なので実務で活かしていただきたいと思いますが、難しく感じた方は**「分析目的を明確にすることと、比較軸を明確にする」**ということだけでも覚えておいて下さい。繰り返しになりますが、有効な分析の要諦は比較にあります。

STEP6

アウトプット作成

意思決定しやすいアウトプットにする

　データの分析・解釈と必ずセットで発生するのが、「アウトプット作成」です。アクションにつなげるためには、意思決定者を動かすことが重要であり、そのためには「**アウトプットをシンプルでわかりやすくすること**」が大切です。

　日々多忙な意思決定者の立場からすれば、細部にはあまり興味はなく、シンプルでわかりやすく、本質的な報告や提案を求めています。「せっかくいろいろとリサーチしたのだから…」と、つい多くの情報を盛り込んでしまいがちですが、冗長なアウトプットは好まれません。

アウトプット作成の流れとポイント

　アウトプット作成において考慮すべきは、

　①**誰に**（to whom）　②**何を**（What）　③**どのように**（How）伝えるかを決め、④**作成作業は徹底的に効率化**することです。

　誰に・何を・どのように伝えるのかを考えるのはプレゼンテーションやマーケティングコミュニケーションの要諦です。

第 5 章　データを分析し、アクションにつなげる　155

特に「誰に・何を」の部分をしっかり考える

「誰に」でまず考えるべきは、オーディエンス（プレゼンの聴衆やアウトプットの読み手のこと）の種類です。

経営者なのか管理職なのか、顧客なのか同僚・部下なのかによって、アウトプットに求められる品質は異なります。

「誰に」を考える視点でもう1つ重要なのが、オーディエンスの伝達内容に対するリテラシーです。

例えば、オーディエンスがデジタルマーケティングやAIなどの最新技術動向を知らない場合と熟知している場合では、必要な説明が異なります。多くの場合、オーディエンスのリテラシーにバラツキがありますから、原則として、意思決定者やキーマンのリテラシーに照準を合わせます。

「何を」で考えるべきは、「伝達目的」「伝達項目」「キーメッセージ」「読後感」の4つです。

伝達目的はプレゼンテーションやアウトプットで達成したいこと。**伝達項目**は目的を達成するために必要な伝達内容を箇条書きにしたものです。

筆者が特に重要だと考えているのは、**キーメッセージと読後感**です。

キーメッセージとは、アウトプット全体を通して最も伝えたい1メッセージであり、読後感はオーディエンスに一番感じてもらいたい気分です。

「要するにAIは売上予測に有効なんだね。わくわくしたよ」

「男性の購買動機はつまるところ「モテたい」だね。非常に共感した」と**いうようなシンプルなキーメッセージと読後感をアウトプット作成時に企図することが非常に重要です。**

ビジネスの意思決定においては、さまざまな情報を論理的に判断していく左脳的アプローチと、感情や感性をもとに直感的に判断する右脳的なアプローチがともに必要ですが、リサーチ結果を引用するアウトプットはどう

しても左脳的アプローチに偏りがちです。論理的で説明力が高いリサーチ結果を多用するなら、右脳的な心を動かすキーメッセージや読後感を併せて盛り込まないと、人を動かすアウトプットにはなりません。

頭では理解できても、心が動かなければ人が動きません。**頭（論理）と心（情理）それぞれに働きかけるアウトプット作成**を心がけてください。

アウトプット作成の流れとポイント①

①伝える内容を決める 誰に・何を	②伝え方を決める （どのように）	③資料を作成する
- 伝える**目的**は何か 　＊伝えることによって、 　　ターゲットの人にど 　　うしてほしいのか 　＊理解してもらう？ 　　何かをしてもらう？ - 目的を果たすために、 　**何を伝えて、何を伝え 　ないか** - **誰**に伝えるか	- **どのように伝えるか** 　プレゼン・資料配布・ 　メール - 適切な**表現方法** 　＊表？グラフ？図？ 　　文章？ 　＊資料は配布？ 　＊スクリーンに投影？	ここに付加価値はないの で、**極力効率化**させる 　＊作成上のルールを決 　　めておく 　＊操作スピードを上げる 　＊テンプレート活用 　＊人のスライドを真似る

アウトプット作成の流れとポイント②

誰に	ターゲットは何名で誰か　…経営者・上司・同僚・部下・顧客 **ターゲットの伝達内容に対するリテラシー** 　知識レベル／実務経験レベル／リテラシーレベルの分布／ 　特に意志決定者のレベル感を把握
何を	**キーメッセージは何か**　… 伝達内容の中で、最も重要なメッセージを決める　（資料全体と1Pそれぞれで策定するのが望ましい） **読後感**を決める　…資料閲覧やプレゼン後に **どんな気分になってもらいたいか？**まで考える　　　（特に重要！）

第5章　データを分析し、アクションにつなげる　157

グラフを効果的に活用する

どんな内容のプレゼンテーションであっても、資料ボリュームは15ページ以内、理想は10ページ以内に収めるべきだと思っています。

人間の集中力の波は15分周期だとも言われますし、意思決定者の興味がないテーマ・自身の管掌範囲外のテーマであれば、集中して聴いてもらえる時間はもっと短いでしょう。

特にリサーチ結果報告などのプレゼンテーションは、数字や表・グラフが多くなり、工夫しないとすぐに飽きられてしまいます。集中して聴き続けてもらうためにも、リサーチ結果を説明する代表的手段であるグラフ活用にも気を配ります。

普段何気なく使っているグラフにもさまざまな種類（棒グラフ・円グラフなど）がありますが、**「何を説明したいのか」という目的によってグラフの種類を使い分けることが重要**です。

例えば前述の商品Bの購入者は円グラフで表現していましたが、横棒グラフで表現した場合と比較すると、わかりやすさに大きな違いが出ます。

横棒グラフ（①左）だと全体を100としたときの内訳であることが視覚的にわかりません。

反対に全体の内訳よりも、項目間の大小や順番が重要な際（②右）は、円グラフよりも横棒グラフのほうが適しています。**グラフ選びにも目的を意識することが重要です。**

主なグラフの種類には、円グラフ・横棒グラフ・縦棒グラフ・折れ線グラフ・レーダーチャート・散点グラフなどがありますが、それぞれのグラフの特徴は次のとおりです。（→p.160〜161）

商品Bの購入者内訳を表現するグラフ①

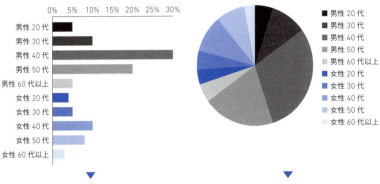

▼

横棒グラフだと、各数字が全体100%の内訳なのか判断しにくい
（各数字を足し上げて確認が必要）

▼

円グラフだと、各数字が全体100%の内訳であると視覚的にわかりやすい

商品Bの購入理由を表現するグラフ②

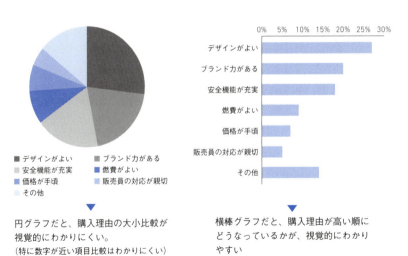

▼

円グラフだと、購入理由の大小比較が視覚的にわかりにくい。
（特に数字が近い項目比較はわかりにくい）

▼

横棒グラフだと、購入理由が高い順にどうなっているかが、視覚的にわかりやすい

第5章 データを分析し、アクションにつなげる　159

比較・構成を表すグラフの代表例

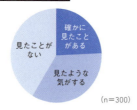

構成比を表す代表例で、回答者の属性などによく利用されますが、項目数が多いと見えにくくなります。

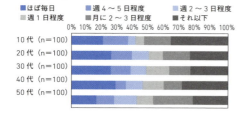

構成比を表す代表例で、円グラフよりも項目数を多く表現できます。

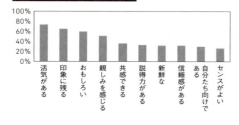

項目間の比較に利用され、項目間の大小関係を示したいときは、高い順に並べ替えます。

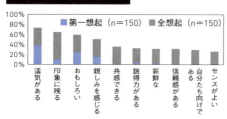

同一項目内での要素比較をする際に用いられます。

比較・経過・分布・相関を表すグラフの代表例

折れ線グラフ

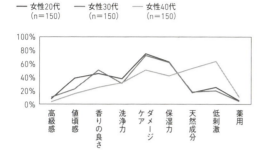

分析軸間での比較や時系列の推移を表現するときによく利用されます。

レーダーチャート

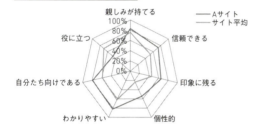

イメージなど複数項目を比較するのに適しています。
8角形までが見やすく、軸数が10個を超えると見にくくなります。

散点グラフ（プロット図）

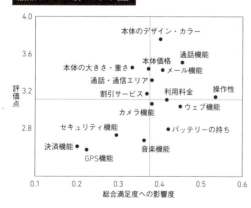

2軸間の関係や相関関係を視覚的に把握したいときに利用されます。

第5章 データを分析し、アクションにつなげる

グラフの使い分けを含め、しっかり気を配って作られたアウトプットは、間違いなくシンプルでパワフルなアウトプットになっています。せっかくよい情報収集や分析ができても、見にくく何を伝えたいのか不明瞭なアウトプットでは意思決定者を動かせず、アクションにつながりません。「アウトプットは人を動かすためにある」という意識を忘れないでください。

STEP 7
アクションにつなげる

意思決定者を巻き込む

リサーチの最後のSTEPは「アクションにつなげる」です。リサーチとは「ビジネス課題を明確にし、課題解決のアクションや意志決定をするために必要なあらゆる情報収集や分析をすること」ですから、アクションや意思決定につながらないリサーチは自己満足か、お勉強的なものになってしまいます。

リサーチがアクションや意思決定につながらない最大の理由は、「意思決定者をリサーチのプロセスに巻き込めていない」ということに尽きると思います。

本章で述べているリサーチ目的を明確にし、調査企画や仮説を立てて情報収集し、結果を分析・解釈するという一連のプロセスにおいて、常に意思決定者とのアラインメント（意思疎通）が取れていれば、結果が出た際には意思決定がなされるはずです。

ただ多くの場合、調査結果を報告する段階で初めて意思決定者が調査結果を目にするため、その段階で気になることを指摘しても「時すでに遅し」という状況になります。

　弊社にリサーチを発注されるお客様においても、部長・課長などの管理職の方が発注窓口になることはほとんどありません。リサーチは入社年次が浅いジュニアの仕事という商習慣も見かけます。

　もちろん意思決定者が窓口になる必要はなく、きちんとアラインメントが取れていればよいのですが、現実には「スケジュールが忙しく確認の時間が取れない」「調査企画の時点では興味を持ってもらえない」など、さまざまな理由から報告の時点でお披露目というケースも散見されます。しかし、リサーチをアクションにつながる生きたものにするには、意思決定者の巻き込みは欠かせません。彼らが捉えている課題や解決の優先度は現場担当者とは違います。課題の仮説・リサーチの順番や範囲・調査結果が必要なタイミングなど、リサーチプロセスの要諦すべてにおいて、意思決定者の考えは大きな影響を与えます。

　私自身も執行役員としてさまざまな調査結果や各種報告をレビューする機会がありますが、「なぜ事前に目的を確認してくれなかったのか」「なぜ調査企画の段階でレビューしてくれなかったのか」と思うことがあります。

　部下の立場からすれば「時間を取ってしまって申し訳ない」や「だいたい意図は理解しているから大丈夫だろう」と考えてしまうようですが、**リサーチは聴くべき本質的な質問や選択肢が1つ2つ漏れただけで全く意味のないものになってしまいます。**

　したがって、意志決定者はリサーチを価値あるものにするための事前レビューに時間を惜しまず、リサーチ担当者はリサーチプロセスをマネジメントする際に「いかに意思決定者を巻き込むか」を意識することが必要です。意思決定者を含むすべての関係者がよいリサーチになるよう、能動的に関っていく姿勢が大切なのです。

第5章　データを分析し、アクションにつなげる　　163

戦略仮説の重要性

　仮説構築のパートでもふれましたが、「このような戦略・施策を実行すれば有効なのではないか」という仮説を戦略仮説と呼びます。

　「戦略仮説を調査企画段階で考えきれているかどうか」もリサーチがアクションにつながるかどうかを左右します。情報収集を終えてからアクションプランを考える方が多いかもしれませんが、それでは遅いのです。

　「戦略仮説を考えて調査項目に落とし込み、仮説が採択されたらそのまま実行。逆に仮説が棄却されたら●●を検討しよう」というように可能な限り事前に仮説を考え抜きます。

　どれだけよい調査結果が出たとしても、アクションプランを考え付かなければ、当然ですがアクションにはつながりません。戦略仮説は実行可能なアクションを含んでいなければなりません。

　調査実施前から実行し得る戦略仮説を考え、調査項目に落としむというアプローチを強く意識してください。

戦略仮説の事前検討

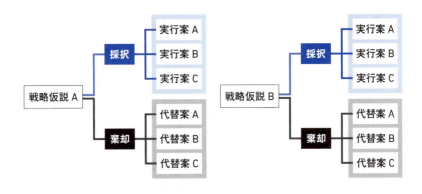

第**6**章

マーケティングリサーチ
の最前線

　ここまで、みなさんの日々の業務で使えるよう専門用語や難しい概念を使わ
ずに、できるだけシンプルにリサーチ・データ分析の基本をお伝えしてきました。
　お伝えしたポイントを押さえたリサーチ・分析を実践するだけでも、ビジネス
の意思決定の精度は高まっていくと確信していますが、リサーチの世界も日々
進化しています。
　この章ではマーケティングリサーチの最前線を、先進事例などを交えながら
いくつか紹介していきたいと思います。

デジタルマーケティングと
リサーチ

デジタル化の必要性

　少し古い話ですが、2015年に実施されたWorld Marketing Summit Japan
で、マーケティングの大家であるフィリップ・コトラー教授が「Digitalize
or Die」というKey Messageで、デジタル化の積極推進を促すメッセージ
を出しました。

　また、デジタル・アドバタイジング・コンソーシアム株式会社（DAC）の
設立者であり、現在は株式会社デジタルインテリジェンスの代表を務める
横山隆治氏も、数々の著書の中で「マーケティングプロセス全体をデジタ
ル化する必要性」を説かれています。

　私自身もデジタルマーケティングの本質は、DMP（Data Management
Platform：データ・マネジメント・プラットフォーム）活用やオンラインマーケ
ティングの強化という狭義の意味ではなく、すべてのマーケティングプロ
セスをDigitalizationしていくことだと理解しています。

　このマーケティングプロセスのデジタル化の一例として、冒頭でお伝え
したように、私たちのあらゆる行動情報がデータとして捕捉できる時代に
なっています。

　TV番組の視聴履歴、検索エンジンで検索したデータ、Webページの閲
覧履歴、コンビニやスーパーでの購入履歴、どこにいるかという位置情報
などです。

マーケターはこれらのデータを収集し、統合的に生活者や消費者を理解することが求められていますし、そうした理解をもとにしたマーケティングやコミュニケーション施策の立案が求められています。

　あらゆるマーケティング施策がデジタル化したことによって、マーケティング施策の効果を数値で、リアルタイムに把握できるようになりました。これにより、マーケティングサイクルのPDCAが超高速化しています。

　中でも現時点でデジタル化が最も進んでいるのは、インターネット広告の分野でしょう。インターネット広告では「リターゲティング広告」という広告メニューが人気です。リターゲティング広告とは、例えばAさんが冷蔵庫を購入しようとある企業サイトBを訪れたものの購入までは至らず、別の企業サイトCを訪れた際に、Bサイトで見ていた冷蔵庫の広告が企業サイトCの広告枠に表示される、という仕組みの広告です。

　この仕組みには、Aさんの閲覧していた商品ページなどの情報が、広告配信時のターゲティング情報として活用されています。冷蔵庫のページを閲覧していたことから、興味・関心があったということで、別サイトで広告表示すると広告のクリック率が高まると期待されます。

　広告配信を中心に、広告業界においては現在進行形でデジタル化が推進されていますが、リサーチに関して、特に消費者理解という文脈におけるデジタル化はまだ黎明期と言えるでしょう。

　その理由は大きく2つあります。1つは消費者の価値観や購買プロセスを丸ごと把握するには、まだまだ取得できるデータが少なく粗いというデータ量の問題。もう1つは検索・購買した情報を履歴情報（ログデータ）として取得できても、なぜ検索したのか・なぜ購入したのかという背景や理由までは把握できないというデータの性質の問題です。

　データ量の問題は自分自身の購買を振り返ってみると理解しやすいのですが、私たちは日々の生活で、コンビニ・スーパー・家電量販店・自動販売機・レストラン・居酒屋・Amazonや楽天などのECサイトなど、さま

マーケティングプロセスのデジタル化

あらゆるマーケティング活動にデジタル化を取り入れる

| オウンドメディア運営 | MAツールによるリードナーチャリング |
| インターネット広告運用 | SNS運用 |

購買行動のメンタルモデルとマーケティングデータ

| A
Attention | I
Interest | S
Search | C
Comparison | E
Examination | A
Action | S
Share |

購買プロセス上で取得可能なデータ →

TVの視聴率	検索キーワード	カート内商品情報
オウンドメディアのPV	資料請求フォームなどのCVR	商品購入履歴
動画再生回数	お気に入り登録情報	いいね数・シェア数

さまざまな行動情報がログデータとして技術的には取得可能

ざまな場所でさまざまなものを購入しています。一部の調査会社を除いて、このような購買情報を網羅的に保有している企業はほぼないため、多くの企業は自社で取得可能な限られた範囲の情報から購買実態などを推計しています。その推計精度は、意思決定につなげるほどではなく、まだまだ改善の余地がある状況です。

　データの性質の問題も身近な例で説明すると、私が自動車のサイトをしばらく見ていた後に、冷蔵庫や電子レンジを何種類かチェックしていたが最終的には買わず、その後しばらくしたら最終的に青汁を10箱もECサイトで購入したとします。

　「なぜ自動車や家電は買わずに、青汁を10箱も購入したのだろう？」という疑問が浮かんでくると思いますが、「なぜ購入したのか」という理由をログデータから読み解くのはかなり難しくなります。理由がわからなければ、効果的な改善アクションを打ち出すことができません。

ログデータを補完するAsking型リサーチ

　これらの問題を解決できるのが、現時点ではインターネットリサーチやインタビュー調査という直接対象者に聴く手法（Asking型リサーチと言います）です。

　「なぜ青汁を10箱も購入したのですか？」「その前に自動車や家電を見ていたのはなぜですか？」と直接聴いてしまえば、「そろそろ結婚を考えていて、新生活に必要なものを調べていたのですが、まずは何より健康が大事だと思ったので」のような回答を得ることができるでしょう。

　人間の価値観・ライフスタイル・購買理由や気持ちなどは、表出しているデータから読み解けるほど単純ではありませんし、人間の複雑性は今後も変わらないでしょう。よほど大きなブレイクスルーが起きない限りは、Asking型リサーチの存在感は色褪せないと筆者は考えています。

　一方、これまで調査票内で聴いていた「●●に興味を持ったか→検索

第6章　マーケティングリサーチの最前線　　169

履歴」「●●に行ったことがあるか→位置情報」「●●を購入したことがあるか→ECサイト上の購買履歴」のように、一部の質問はログデータに置き換わっていくでしょう。

ログデータは事実ベースなので、記憶ベースのアンケートよりもデータ精度が高くなります。データ量の問題が解決されれば活用がもっと進むと思われます。したがって消費者理解におけるデジタル化の影響として、今後はログデータ×意識データを組み合わせてリサーチをすることが重要になってくるでしょう。

次世代リサーチに必要なアプローチ

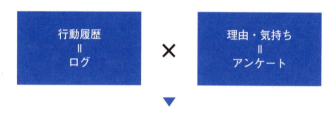

それぞれのデータ取得方法の特長を組み合せることで
より正確で深い生活者理解が可能に

では次に、さまざまなログデータをマーケティングに活用している事例と、インターネットリサーチの新しい考えかたをご紹介します。

消費者を「見る」手法
検索データの可能性

ヤフー株式会社　リサーチアナリシス部・部長
天野　武

価値のあるデータとは何か？

　「ビッグデータ」という言葉が広く世の中に浸透し、誰もが知る言葉となりました。一方、「データを集めれば何かよいことがあるだろう」といった漠然としたイメージでデータを収集したり、蓄積しているケースも多いのではないでしょうか。しかし、データは闇雲に集めればよいものではなく、価値のあるデータを収集しなければなりません。

　では「価値のあるデータ」とはどのようなデータでしょうか？　データ量が多いことでしょうか？　新しいデータに価値があるのでしょうか？それとも入手が困難なデータにこそ価値があるのでしょうか？

　私はどれも価値の本質ではないと思っています。価値のあるデータとは「説明力（予測）を高めるようなデータ」だと考えています。ある事象を説明したいと思ったとき、そのデータを使ってどれだけ説明できるかがそのデータの価値ということになります。

　例えば、5年ごとに買い替えられる商品の購入者を見つけたいとき、昨日の購入者のデータよりも5年前の購入者のデータのほうが、より説明力が高く貴重なわけです。データは新しければ価値があるというわけではあ

第6章　マーケティングリサーチの最前線　　171

りません。同じように、少量のデータでも、自分が理解したいと思った事柄がよりよく説明できるのであれば、データ量は問題になりません。

このようにデータの価値が「説明力の高さ」にあるとすれば、データの価値は目的（自分が説明したい事柄）によって変わることになります。

例えば、マンションの購入者を見つけたい不動産の会社と、メイク落としの購入者を見つけたい化粧品の通信販売の会社とでは、必要なデータは異なるはずです。どのような会社にとっても絶対に必要なデータというものはありません。

言語化された欲望としての検索データ

目的によって価値のあるデータは異なるため、どのような会社にとっても必要なデータはないと書きました。基本的にはそうなのですが、非常に汎用性が高いデータがあります。

我田引水になりますが、それは「検索データ」です。検索データはなぜ汎用性が高いのでしょうか。それは、人々の知りたい、食べたい、どこかに行きたいといった興味や欲求が言語化されたデータとして残っているからです。

このような消費者の「興味」や「欲求」といった目に見えない感情を、言語化されたデータというモノとして扱うことができるため、検索データは数あるデータの中でも汎用性が高いと言えます。

また、個々人の興味、関心、欲求が大量に集積しているという点で社会全体のトレンドを予測することにも利用できます。実際に、検索データを用いて、投票結果の予測やインフルエンザの流行予測が行われています。

次に、検索データを使ったマーケティング事例を紹介したいと思います。

検索データが語る「いつ」アプローチするべきか

　商品のプロモーションを、より効果的なタイミングで行なうためには、「消費者はいつから商品の購入を検討しはじめるのか？」を知ることが非常に重要です。

　一般的には商品の購入者に対して「いつから購入を検討しはじめたか」とアンケートで聴取するのですが、記憶はバイアスがかかっていることも多く、アンケート調査の回答と実際の行動にはズレが生じることがあります。

　この点について、Yahoo! JAPANが保有する膨大な検索データが示す購入検討の開始時期と、アンケート結果に表れる購入検討の開始時期とを比較した調査を紹介します。

　比較的購入検討の期間が長い自動車を分析対象の商品とし、過去1年以内に自動車を購入した人について調査しました。

　その際、「購入の検討を始める」という行為を「商品に関する情報収集を始める」と再定義し、「商品の関連キーワードの検索を始めた時期」と位置付けました。

　その上で、実際に「検索」という行動に表れる商品購入の検討開始時期（検索開始時期）が、アンケートで聴取した購入検討を開始した時期（検討開始時期）とどの程度違うのかを検証しました（→p.174図）。

　その結果、アンケート調査において約7割の人が「購入前の4カ月以内に購入を検討開始する」と回答しているのに対し、検索ログデータにおいては、購入前4カ月よりも、さらに遡った時期から検索を開始する人が多く存在していることがわかりました。

　つまり、アンケート回答者自身が認識している商品の購入検討開始時期と検索ログデータによる商品の関連キーワード検索開始時期は必ずしも一致していなかったのです。

第6章　マーケティングリサーチの最前線　　173

検索ログとアンケートでみる購入検討開始のタイミング

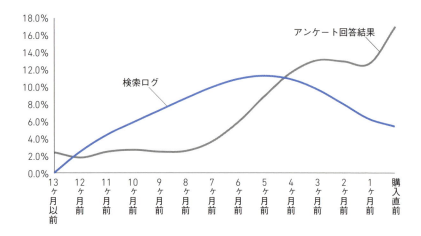

出典：Yahoo! JAPAN調べ。調査対象：直近1年以内に「自動車」を購入した人（2014年10月）

　この不一致はなぜ生じるのでしょうか。

　1つは、購入後から遡って思い出しながら回答するアンケートでは、人間の曖昧な記憶に頼らざるを得ず、検索データのような客観的な記録とはズレてしまう可能性があります。

　もう1つは、インターネット上でさまざまな商品の比較（検索開始）と販売店へ足を運んで営業担当から話を聞いて検討すること（購入検討開始）とが異なっているからとも考えられます。

　どちらにせよ、アンケートで聴取する検討開始よりも早い時期から検索を開始していることから、従来のプロモーションのタイミングを繰り上げ、プランを再検討することで、より多くの見込み顧客にアピールし、購買につなげることができるかもしれません。このように、行動のような「事実」として把握できるものについてはアンケートによる聴取よりデータで把握したほうが効率的であったり、適している場合があります。

例えば、長い購入検討期間の間で、高級外車の検索をしていた人が国産車の検索をするようになるという行動の変化が観察されます。このときの行動の変化と、理由の断片は検索データで把握することができます。

　しかしながら、その変化を実際に消費者がどう意味付けていたか、その理由や意識の変化が起こった背景については、アンケート調査によって聴取しなければなりません。両者の長所を組み合わせながら消費者理解を進めていく必要があります。

検索データが語る「何を」訴求するべきか

　広告の出稿効果を計測する手法として「サーチリフト」があります。消費者がテレビCMやインターネット広告を閲覧し、商品や広告内容に関心を示した場合、インターネット上で関連語句を検索することがあります。広告によって喚起される検索行動を利用して、広告に接触したグループの検索数の増加率が、接触しなかったグループの増加率よりも高いことにより、商品認知や興味関心喚起の効果があったとするものです。

　サーチリフトは単なる効果計測以外に、その詳細内容を紐解くことで、消費者が比較検討している競合他社の具体的な商品名や利用シーン、商品選択の際に重視している点を把握することができます。

　例えば、小麦粉のメーカーが小麦粉に関する検索ワードの検索数の推移を調べていたところ、「グルテン」を含む検索語が徐々に上昇していることに気付き、そこから消費者がグルテンの含有を重視していることを把握し、グルテンフリーの小麦粉を開発したという事例も聞かれています。

　このように、商品企画や商品のプロモーションの段階でマーケティング担当者が想定していた競合製品やターゲット層と実際のそれとの間にギャップが生じているケースがしばしば見られます。

　その代表例として、ファミリータイプのワゴンのキャンペーン広告の事

例を紹介したいと思います。この広告の接触者について、検索語の動きを調べたのが下図です。

広告接触者サーチリフト

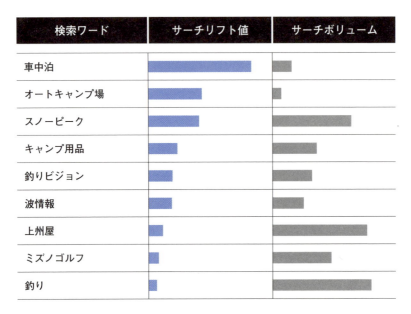

＊キャンペーンを実施した企業の企業名およびブランド名を省き、特定カテゴリーで抽出した結果

　サーチリフト値は広告接触者の検索語がどの程度特徴的であったかを示す指標であり、この値が高いほど、広告によって検索が喚起されたことを示しています。サーチボリュームは名前のとおり、調査期間内における広告接触者の検索数を意味しています。

　結果を見ると、「オートキャンプ場」や「キャンプ用品」といったアウトドア関連の検索語が上昇しており、当初の想定どおり、アウトドアでの利用を目的としていることがわかります。その一方で、「釣りビジョン」、「上州屋」、「釣り」といった釣りに関する検索ワードも上昇していること

から、ターゲット層はキャンプ好きだけでなく釣り好きもターゲットになることがわかります。ここから次回以降の広告で、釣り好きにより響くよう、ワゴン車の収納性や機動性を強調して訴求するというプランが考えられます。

　このように、検索データは単に検索という行動の種類や頻度を表すだけでなく、消費者が検索行動に込めた無意識のニーズや潜在的な嗜好を具体的に映し出します。消費者のインサイトを把握するための欠かせない事実であることを理解した上で、検索データを活用していくことは、より戦略的なコミュニケーションを行う上で非常に重要であると言えます。

　その意味では、従来型のマーケティングリサーチが消費者に「聞く」手法であるのに対して、検索データによる消費者把握は消費者を「見る」手法と言えるでしょう。

　どちらを用いるべきかはケースバイケースで、消費者に聞かなければわからないこともあれば、消費者が考えていることを把握するための根拠として検索データを活用したほうがよいこともあります。これらの手法をうまく組み合わせて、消費者を把握し、より戦略的なコミュニケーションを行っていく必要があります。

天野　武

東京工業大学大学院社会理工学研究科価値システム専攻博士後期課程単位取得退学。株式会社ランドスケイプを経て、2010年9月ヤフー株式会社に入社。リサーチアナリシス部部長としてデータを活用した営業戦略、プロダクト戦略の立案や広告出稿効果の可視化を推進。2016年4月より博報堂DYメディアパートナーズ、ヤフー、DACの合弁会社である株式会社Handy Marketingの代表取締役副社長を兼務。専門社会調査士。

生体情報を活用した
データ分析

ペルフェッティ・ヴァン・メレ・ジャパン・サービス株式会社
マーケティング　フリスクブランドマネージャー　野村俊介

　ペルフェッティ・ヴァン・メレ社は、オランダに本社を置き、世界150カ国以上で「メントス」「チュッパチャップス」「フリスク」などのブランドを展開する製菓会社で、これらの製品の日本展開を担っているのが、ペルフェッティ・ヴァン・メレ・ジャパン・サービス株式会社です。
　日本における市場調査や、日本市場に合った商品企画などのマーケティング活動を行っており、世界の中でも独特な市場を形成している日本において、製品展開成功のカギを握るのがマーケティングリサーチです。
　さまざまな手法を試す中で、「フリスク」の新商品ローンチ（立ち上げ）時に初めて取り入れたのが、ニューロリサーチでした。

日本市場が肝となる「フリスク」ブランドの新商品ローンチPJ

ペルフェッティ・ヴァン・メレ社の各商品ブランドは、世界中で広く愛されているものが多く、日本においてもそれは同様です。

中でも「フリスク」は製品売上の多くを日本が占めており、日本市場に受け入れられることがブランドにとって大きな肝となります。

この「フリスク」ですが、2017年9月に「30分息キレイ」をうたった大型タブレット『フリスク クリーンブレス』のローンチを控えていました。

製品ローンチを成功させるため、TVCM、サンプリングなどさまざまなプロモーション施策を企画していましたが、その中でも特に、Webプロモーション動画を重要な施策として位置付けていました。

全く新しいカテゴリーなので、認知獲得に向けてもちろんTVCMは外せません。しかし、TVCMは広くあまねく認知を獲得することは得意ではあるものの、特定のセグメント層に強くアピールするには弱い部分もあります。例えば、(口臭ケアを意識する) オフィスワーカーといった特定層の認知を獲得していくには、Web動画のほうが適していると考えました。

経験値・感覚でしか語れなかった、Web動画のクリエイティブを科学する

『フリスク クリーンブレス』で特に自信を持っていた製品特長は「30分息キレイ」でしたが、その特長をWeb動画でターゲットに知ってもらうためには課題もありました。

どんな動画なら消費者が見たいと思うのか、印象に残るのか、最後まで見てもらうにはどうしたらいいのか、が明確に定義できず、常に感覚でしか語れていないということです。

これまでの経験から、企画をきれいにまとめればまとめるほど、その動画はさらっと流されてしまい、視聴者の印象に残りづらいため、何かしら心に残るひっかかりが必要です。

われわれはそれを「ザラツキ」と表現するのですが、「ザラツキ」をどう作るかは、クリエイターの感覚に頼りがちでした。

Web動画をより強力にワークさせるためには何をしたらいいか。模索しているときに調査会社から提案されたのが「ニューロリサーチ」でした。

ニューロリサーチとは脳波や心拍などの生体指標を用いた調査で、消費者の生体反応をリアルタイム計測し、その変化から無意識の反応を調べていく手法です。脳波で動画を見ているときの視聴者の状態がわかるので、「ザラツキ」に近いものがデータで取れるかもしれないという予感がありました。「アンケート調査の場合はある程度恣意的に結果を導き出すこともできてしまうので、『その結果は本当なのか？』という疑問を持つ人が出てくる場合もあります。しかし、脳波は生理反応であり、嘘をつけません。日本では初めての取り組みだったのですが、やってみる価値はあるとチーム全員が思いました。

データという共通言語でクリエイティブを調整し、期待以上の効果を創出

今回実施したニューロリサーチは、「共感度測定」という手法です。「共感度測定」とは、複数名の脳波から「感情を喚起される変化の度合い（脳派同期性)」を測定し、そのデータを用いて共感力を評価するものです。

複数名のモニターに動画（商品・サービス）を見せ、脳波を測定、各自の脳波データの相関を解析した上で脳波同期性を明らかにしていきます。

単純な脳波の波形のみを見てもマーケティングに活かすことは難しいのですが、脳波同期性に着目することで共感度が高い箇所、低い箇所を見出すことができ、あらゆるクリエイティブ評価に有効です。

今回の場合、2分弱の長さがある『フリスク クリーンブレス』のWebのプロモーション動画（SPECIAL MOVIE「エキセントリックな課長」）を、20〜30代の社会人の男女16名に視聴してもらい、脳波測定を行いました。

脳波測定の様子

脳波同期性による、共感度が高まったポイントの確認

◆ 「エキセントリックな課長」という文字列がタイプライター音とともに表示される。　◇ 先のシーンに登場した、片桐さんの上司が再度登場する。　◆ 「口臭が気になると、人は変になる」というフレーズが表示される。

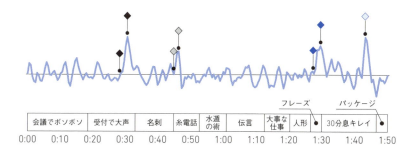

　動画は2分と長いので、元々「ザラツキ」を意図して作った部分とそうではない部分がありました。調査を行うことで、われわれが意図したポイントできちんと心を動かせていたことが実証でき、自信を持って動画公開することができました。

　一方、反応が薄かった箇所も多く、そのポイントでは改善を図りました。脳波の動きがそろわないアイドリングタイムもあり、そこはデータという根拠があることで潔くカットすることもできました。

これまでクリエイティブのよし悪しを議論するとき、どうしても個人個人の感覚でしか会話できなかったのですが、今回は脳波というデータがあることで、われわれもクリエイターも含め全員で共通言語を持つことができ、全員納得感を持ったクリエイティブ調整ができました。

ニューロリサーチを行うことで改めて気付いたのは、今までは「心を動かすポイントばかりに目が行き、心が離れるポイントは忘れがちになっていた」ということです。脳波を見ると、どこで心が離れていくのかが明らかでした。2分と長尺の動画では、いくら心を動かすポイントが盛り込まれていたとしても、一度心が離れてしまえば、そこで動画を見るのをやめてしまいます。製品紹介のエンドカットまでを見てもらうためには、アイドリングタイムをどう調整するかも重要でした。

正直、これまでの動画では大事だと思う数箇所のポイントのブラッシュアップばかりを議論していましたが、Web動画の場合は、全編通じて抜け漏れなくブラッシュアップを図ることが重要ということに気付きました。

われわれは何の疑問も持たず常識のようにエンドカットで商品紹介を行ってきましたが、脳波を見ると、エンドカットに入った瞬間、明らかに心が離れているのです。一番見てほしい部分で興味を失っていることに気付けたのは大きな収穫です。結果的に本編からエンドカットまで一気通貫したナレーションを続けたり、アニメーションを入れたりなど、本編の続きとして最後まで見てもらえるような工夫を施しました。

こういったさまざまな修正、調整を経て完成したWeb動画ですが、実際に公開してみたところ、リテンションレートが77%という想定以上の結果でした。これは、15秒のTVCMとほぼ同じ数値です。2分と長尺の動画にもかかわらず、多くの方が最後まで見てくださったことを意味します。

Web動画からの直接的な製品売上は算出が難しいのですが、製品全体の売上も非常に好調で「フリスク クリーンブレス」がブランド内で一番売れ行きのよい状態になっています。

ニューロリサーチは、動画の全編にわたってずっと脳波を測定できるという点がメリットなので、途中離脱のリスクが大きい長尺動画のクリエイティブ精査に向いていると思います。また、Web動画のほうがCMに比べ、クリエイティブの修正をしやすいという点もあります。

　次に実施するときは、動画のターゲットをもっと絞り込んだり、シーンをもう少し細かく区切って、何を実現したいシーンなのか（共感させたい、動画を見るのをやめさせない、心を震わせたい…など）を事前に明確にするなどをして、ニューロリサーチをより有効活用できる工夫をしたいと思っています。

　ニューロリサーチがもっと広まり、多くの人が活用するようになれば、調査会社に知見もたまって調査精度が上がることが期待できます。

　消費者に支持される自信のあるブランド・製品だからこそ、その特長をきちんと最適な消費者に届けるため、これからもマーケティングリサーチを活用していきたいと思っていますし、ニューロリサーチのような新しい手法も、効果を見込めるものであるなら、どんどん取り入れていきたいと思っています。

野村 俊介
ペルフェッティ・ヴァン・メレ・ジャパン・サービス株式会社　マーケティング　フリスクブランドマネージャー。2015年入社。FRISKブランドのブランド戦略、市場調査、商品企画、広告宣伝などマーケティング活動を全般的に担当。これまでにFRISK NOWmintsシリーズの日本での立ち上げ、FRISK / FRISK NEOのリニューアルなどを手がける。

これからのインターネットリサーチの調査設計

マクロミル総研 研究員　村上智章

スマホ対応の必要性

　インターネットはPCからスマートフォンへの時代へと移行しつつあります。インターネット調査においても、ここ数年、スマートフォンで回答する人が急増しています。2016年現在、PCとスマホで回答する人の比率は6：4となっています。PCで回答する人のほうが上回っていますが、若年層においては、ほぼスマートフォンで回答しています。いずれは中高年層のほとんどがスマートフォンで回答する時代となっていくでしょう。

インターネット調査における年代別回答デバイス（2016年）

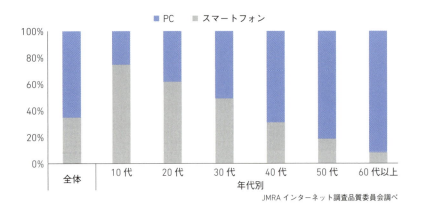

JMRA インターネット調査品質委員会調べ

今やスマートフォンでPCサイトのまま表示される企業サイトやECサイトはほぼありません。各社、デバイスによって表示を最適化するレスポンシブルデザインを採用したり、専用アプリを開発するなど、スマートフォンファーストが当たり前の時代です。インターネットリサーチもスマートフォンへの対応が迫られています。

丁寧さが仇となる

　日本人が作るアンケートは、質問文が非常に長くなる傾向があります。調査票を設計する際も、会社のお金で調査をするのだから、間違った回答をしてもらっては困ります。だから回答者に質問内容を正確に伝えるために、さまざまな注釈文を細かく書きたくなってしまうのでしょう。

　下の2つの画像は、「自宅で所有しているゲーム機器」の調査画面をスマートフォンで見たときに表示されるものです。どちらも同じことを質問しようとしていますが、質問文の長さが全く違います。

質問文の長さによるスマートフォンでの表示の違い

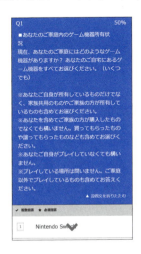

左側の質問文は、設計者の意図を正しく理解してもらうために長い注釈文が付記されています。実際、これに匹敵するような過剰な注釈文を書いてしまう質問は数多く存在します。一方、右側のように質問文をかなり簡略化することによって、スマートフォンでも質問内容が視認しやすく、誤解も生まれない文章になっています。

保険証券やソフトウェアの約款にもたくさんの文字が書かれていますが、それら文章をすべて読んで理解している人はどのくらいいるでしょうか？

質問文は長ければいいというものではありません。きちんと読んでもらえて、ほとんどの人が誤解しないような表現になっていれば十分です。

100人に1人、誤解や例外が発生するかもしれませんが、その1％の人のために99人の回答負荷を高める必要はありません。

質問文をスマートフォンで表示させたとき、最大でも3行以内（文字数にして約50文字）に収めるべきでしょう。質問文を短くわかりやすくすることによって、ファーストビューでより多くの選択肢を表示することができるメリットもあります。

回答者の耐性を考える

現代では、SNSや動画配信など、さまざまなコンテンツが存在します。ユーザー側のコンテンツに対する目線も厳しくなってきているため、「つまらない」と判断されたコンテンツは、一瞬で低い評価が拡散されます。インターネット調査も生活者から見れば、インターネット上のコンテンツの一つでしかありません。回答することに価値が見出せなければ、その瞬間に回答を中断されてしまいます。そして、インターネット調査に協力していただける人が減っていくだけです。

YouTubeの動画広告では強制的に視聴させる時間は6秒です。長い動画広告はスキップ、コンテンツを視聴せず直帰されてしまうからでしょう。

広告主側が長い動画広告を強制視聴させたくても、ユーザーはそれを望んでいないことを理解しているためのルールです。アンケートも同じで、長いアンケートに回答してもらいたくても、回答者はそれを望んでいないのです。

　現在のインターネット調査では、割付回収で依頼したサンプルサイズに到達するまで回収し続け、納品される形になっています。調査費用も回収したサンプルサイズに依存するので、回収率に対する意識が希薄になっています。

　極めて回答負荷が大きな調査票の場合、多くのスマートフォン回答者は離脱していきます。そのため、調査対象者のうち、「忍耐強くてPCで回答する人」の割合が多く占めてしまうようになります。

　今の若者の多くはスマートフォンで回答している人達ですから、若者を対象にした調査なのにPCで回答した人のデータしか集まらなかったとしたら、その調査結果をマーケティングの意思決定に使ってしまうことはリスクしかありません。

　このように、「とにかく依頼したサンプルサイズが回収できればよい」という考え方は非常に危険で、調査対象とした母集団の性質をそのまま引き継いで抽出したサンプルとなるように努めなければなりません。そのため、調査票設計において回答脱落させない配慮が必要となります。当然ですが、質問数や選択肢数が多ければ多いほど、回答脱落や反応個数の低下につながります。

　調査を依頼する人から見れば「予算内であれもこれも知りたい」というニーズがあるのはわかりますが、本当に知りたい内容を絞り込めず、仮説もないまま調査票を設計してしまうと、質問数が増大し、回答者の偏りを生み、結果として価値のないデータを収集することになりかねません。

　2017年にマクロミルが実施した検証においては、設問数が30問を超える調査では脱落率が15％を超え、1設問内での一定の項目数、選択肢数

を超えると脱落率の増加や調査品質の低下につながっていることも確認できました。こうした研究結果を踏まえて、マクロミルではマルチデバイス時代の調査票設計ポリシーとして以下内容を推奨しています。

マクロミルのマルチデバイス調査票設計ポリシー（要約）

回答所要時間	10分以内
選択肢数	30個以内
マトリクスサイズ	項目数10×選択肢数10以内

　品質の高いインターネット調査を実施していくためには、兎にも角にもコンパクトな調査票の設計が必要です。

　継続的に実施している定点調査などは、すぐに内容を変えられないかもしれませんが、徐々にダウンサイジングを検討していくべきでしょう。

　過去との比較が必要ない調査であれば、上記の設計ポリシーを遵守した調査票を設計することをお薦めします。

インターネット調査の未来

　これからのマーケティングリサーチにおいては、ビッグデータやセンシング技術の活用の場面が増えることが想像できますが、「認知や購入の理由を知るための手法」として、これからもインターネット調査は必要とされるでしょう。近年、デジタルマーケティングの効果測定をするため、1人の個人に対して、インターネット調査における大量設問と行動ログを紐付けてシングルソース化しようという試みが進んでいます。しかし、回答者の目線に立って調査票をコンパクトにしようとする方向と逆行しており、こうした大量設問の調査を続けていては、いつかは疲労限界に達してしまうでしょう。

とはいえ、ビジネスやマーケティングの意思決定において、生活者の声を判断材料にしたいシーンはむしろ増加しています。

「知りたいことが増えれば調査ボリュームが増えてしまうという課題を、どう解決すべきなのか」は調査業界にとって大きな課題となっています。そこで現在、その有力な解決法として調査票の分割が考えられています。

例えば、1回の調査ですべてのことを聞くのではなく、調査票をいくつかに区切って複数回で実施するという方法があります。

あるいは、回答者にすべての設問を回答してもらうのではなく、回答者をいくつかのグループに分けて、グループごとに呈示する質問と呈示しない質問をうまく組み合わせ、トータルとしてすべての質問に対する回答を得る方法もあります。

慶應義塾大学経済学部の星野崇宏教授は「調査分割法を用いることで1人あたりの回答負荷を抑制することができ、未回収率の低下や調査品質の向上が期待できるだろう」と述べられています。これはすべての調査会社が積極的に取り組んでいくべき考え方でしょう。

調査分割法のイメージ

分割前	A	B	C	D

▼

	ブロックA	ブロックB	ブロックC	ブロックD
グループ1	A	B		
グループ2	A		C	
グループ3		B	C	
グループ4			C	D

総務省では2018年1月から、2人以上世帯の家計消費動向調査と単身モニター調査の傾向スコア分析によって、世帯全体の消費を包括的に捉える新指標として「消費動向指数（CTI）」を公表しています。
　さらに中長期的には、ビッグデータを用いたバイアス補正・データ融合を行いながら、速報性のある指標の公表を図っていこうとしています。
　このように公的統計においても今までの調査のやり方を踏襲し続けることなく、最新の統計学を駆使した指標開発が進められようとしています。
　インターネット調査のスタイルも時代の変化とともに変わらなければ、やがて時代遅れな調査手法となってしまいます。
　インターネット調査を常にアップデートしていくためには、柔軟な発想と過去のしがらみから脱却する勇気を持ち続けることが大切だと思います。

村上智章
名古屋大学大学院工学研究科土木工学専攻修了。財団法人計量計画研究所に入所。国や地方自治体による社会統計調査の企画・運営管理、交通需要予測のモデリングに従事。
その後、ヤフーバリューインサイト株式会社を経て2010年8月マクロミルに入社、ネットリサーチ総合研究所に配属。モニタと調査データのクオリティ管理を担当。専門統計調査士。

■ おわりに

「リサーチを民主化したい」という想いから本書を執筆させていただきました。欧米では広告予算に占めるリサーチ予算の割合が日本の3倍から5倍だと言われています。民間企業のみならず、学校法人やNPO・NGOも積極的にリサーチを活用しています。

　一方で日本においては、リサーチは一部の大手企業が実践している複雑で難しく、敷居が高い活動になっているように思います。ビッグデータを保有していなくても、社内にリサーチャーやアナリストがいなくても、仮説思考や分析視点さえ押さえれば、誰にでもシンプルでパワフルなリサーチを実施することができます。とりあえずデータを多く集めようという姿勢や、データに頼らず自身の経験や勘があれば十分という姿勢はどちらにも問題があります。適切なリサーチで他人の経験・考え・気持ちから学び、多面的に物事を考えることができれば、間違いなくビジネスの成功確率を高めることができます。

　ビジネス全体がデジタル化する時代です。リサーチスキルはこれから、教養としてあらゆる職種で求められるようになると思います。本書が読者の皆さんにとって、リサーチやデータ分析を始めるキッカケになれば嬉しく思います。

　最後に、出版機会を下さったすばる舎の吉田さま、いつも多くの知的刺激をいただけるDI社の横山さま、学習院マネジメントスクール顧問の朝野先生、寄稿にご協力いただいた天野さま、野村さま、内容確認に協力してくれたマクロミルの小林健さん、角田さん、村上さん（寄稿もご協力いただきました）、執筆をサポートしてくれた妻の妙子と弟の修二、そして出版に関わってくださった全ての皆さまと、最後まで読んでくださった読者の皆さまに、この場を借りて御礼を申し上げます。本当に有難うございました。

株式会社マクロミル　エグゼクティブマネジャー　マーケティング＆プロダクト本部長

中野　崇

【著者紹介】

中野　崇（なかの・たかし）
株式会社マクロミルエグゼクティブマネジャー（執行役員）
マーケティング＆プロダクト本部長

早稲田大学卒業後は株式会社良品計画で店舗マネジメントに従事し2005年にマクロミルへ入社。営業・営業企画を経て2011年にマクロミル初の中国進出であるマクロミルチャイナ（上海）の立ち上げに参画。2012年に韓国・ソウルへ赴任し、子会社化したマクロミルエムブレインの取締役に就任。2013年6月に日本へ帰任し事業戦略本部長として中期事業戦略の立案、Questant・ミルトーク事業責任者、マーケティング部門の立ち上げ、広報室長などを経て現在はマクロミルのマーケティング/PR及び新商品開発の執行役員を務める。2017年から社会情報大学院大学の客員教員として「リサーチ・データ分析の基本」の講義を担当。ベンチャー企業への各種アドバイザーも務めている。
＊書籍の感想や各種ご相談事項は、Facebookまでお気軽にご連絡ください。
https://www.facebook.com/everyday.wonderfuldays

出版協力：第6章（掲載順・敬称略）
　　天野　武（ヤフー株式会社リサーチアナリシス部・部長）
　　野村俊介（ペルフェッティ・ヴァン・メレ・ジャパン・サービス株式会社　マーケティング・フリスクブランドマネージャー）
　　村上智章（マクロミル総研・研究員）

BookDesign：山田知子／chichols（チコルズ）

マーケティングリサーチとデータ分析の基本
2018年4月24日　第1刷発行
2018年9月20日　第2刷発行

著　者 ── 中野　崇
発行者 ── 德留　慶太郎
発行所 ── 株式会社すばる舎
　　　　　〒170-0013 東京都豊島区東池袋3-9-7 東池袋織本ビル
　　　　　TEL　03-3981-8651（代表）03-3981-0767（営業部直通）
　　　　　FAX　03-3981-8638
　　　　　URL　http://www.subarusya.jp/
　　　　　振替　00140-7-116563
印　刷 ── 図書印刷株式会社

落丁・乱丁本はお取り替えいたします
©Takashi Nakano 2018 Printed in Japan
ISBN978-4-7991-0694-5